改訂版

高校入試

世界一わかりやすい中学英単語

著者
関 正生　桑原 雅弘

本書は2016年3月に小社より刊行された『高校入試 世界一わかりやすい中学英単語』を改題の上、増補・再編集したものです。

KADOKAWA

はじめに

中学生に限らず、高校生・大学生・社会人に英語を教えてきた中で強く感じることがあります。それは、「入り口から間違っている。そこを直せばもっと英語はラクになるのに…」ということです。

英語に悩む学習者を見ていると、最初に英語を習ったときに訳語の丸暗記から入ったために、その後知らず知らずのうちに丸暗記の量を増やすことが英語の勉強だと思い込んでしまった、なんてことに気づきます。

たとえば、onは「上」と覚えてしまうと、その後に出てくるon foot「徒歩で」やput on「着る」といった熟語が「理解」できず、やみくもに「丸暗記」せざるをえなくなってしまうのです。

これがもし、on本来の意味（この本では「核心」と呼びます）である「接触」から習っていれば、そんな丸暗記は一気に不要となるのです。

そこでこの本では、英語の初歩の初歩から始め、高校入試レベルの英語をターゲットにしつつも、その先にある大学入試や日常での英会話などまでを視野に入れて、訳語・核心を練り上げました。

言ってみれば、「もし最初からこんなふうに英語を勉強していたら、英語の世界がまるで変わってくるだろう」という思いをこめて、「英語の正しい入り口」を整えました。多くの英語学習者に、そしてもちろん著者である僕ら２人も含めて、もしタイムマシンがあったら子どものころの自分に届けたい単語帳を作り上げました。

どうぞ我々がさまざまな工夫を凝らした「新世代の単語帳」をご覧ください。

関 正生　　桑原 雅弘

【本書の特長】

脱丸暗記！

各単語に「コメント」をつけました。「語源・イメージ・日本語との関連・使い方・入試情報」など様々な視点からのコメントが「覚えるきっかけ」になるはずです。

最新テーマの対策も万全！

高校入試の長文には最新テーマが出ます。本書は、AI「人工知能」、social media「ソーシャルメディア・SNS」はもちろん、coronavirus「コロナウイルス」という単語まで対策しています。著者２人は、高校学参・資格試験対策本・一般語学書も執筆しており、単に高校入試だけでなく、将来にもつながる英語を教える視点から単語選定をしております。

※最新単語は Chapter 1 に載せました。まずは最新入試の「本当の姿・全体像」を感じ取ってもらうためです。Chapter 1 の例文は多くが実際の入試で出題されたものです（一部、不自然な英文は修正しています）。

3年間使える「全方位型」の単語帳

中１から単語帳に取り組む人は少なく、受験を意識した中２・中３から単語帳を始めることが多いのですが、その場合は中１レベルの単語をチェックする時間が無駄になりがちです（簡単すぎて）。本書はそういった基本単語であっても、しっかりした例文で歯ごたえがある・中３でも勉強になるつくりになっています。もちろん中１から取り組んでも３年間しっかり使える構成になっています（各学年での取り組み方は７ページで）。

点数につながる！

実際の入試で「どう出るか？」という視点もかなり意識しています。たとえばabroad（503番）は（×）travel to abroadではなく（○）travel abroad「海外へ旅行する」が正しいという点が問われます。他にも、dream（256番）やfuture（257番）は将来の夢を書く英作文で重宝する、hotel（166番）は発音・アクセント問題で狙われるなど、得点につながる情報が満載です。

洗練された例文

その単語を使っただけの無機質な英文ではなく、「例文から単語の意味や場面がイメージできる」「入試にそのままよく出る」「英会話で使える」「関連語が含まれている」などの工夫が凝らされています。その結果、従来の単語帳よりも長い（難しい）ものも含まれますが、あくまで入試レベルを意識した英文であり、長文読解の土台にもなるはずです。

「基本動詞」と「前置詞」の解説も収録

高校に入ってから苦労する前置詞（at・inなど）や基本動詞（take・haveなど）は「核心」を載せました。核心から理解することで、将来英語でつまずくことなく、効率よく英語を習得していける単語帳になっています。

【本書の使い方】

見出し語には意味、
派生語、発音記号&カタカナ発音も記載

001

AI 名 人工知能

[eɪáɪ] エイアイ

例文 **AI and the latest technology can do things that humans cannot do.**（人工知能や最新テクノロジーは、人間にはできないことができる）

構文 〈AI and the latest technology〉 can do 〈things [that humans cannot do]〉.
S V O

artificial intelligence「人工知能」の略で、「コンピューターを使って人工的に作られた、人間のような知能」のことです。スマホの音声アシスタントや企業の公式LINEなど、すでに身近なところで使われており、最新の高校入試でも頻出です。

目からウロコの解説は、
まさに「読む単語帳」！

＊「構文のカッコの使い分け」
については 9ページ参照。

すべての例文の「構文」を図式化。文法・長文にも強くなる！
＊「S」＝主語、「V」＝動詞、
「O」＝目的語、「C」＝補語
を表します。

使い方のモデル

中1レベル

Chapter 1「最新単語」を眺めて、難しいと思えばChapter 2から始めてもOKです。
例文は無理に読もうとせず、まずは「単語・意味・コメント」をチェックしてください。マークの「コメント」で難しそうな内容はスルーしてOKです。
また、学校の進度や定期テストに合わせてChapter 3以降を活用してください。たとえば学校で「助動詞」の単元に入ったら、Chapter 6の「助動詞」を読むと理解が深まります（順番通りに進めなくても大丈夫です）。

中2レベル

Chapter 1から始めて、まずは「単語・意味・コメント」をチェックしてください。「例文」は余裕があれば読む、という感じでOKです。

中3レベル

Chapter 1から始めて、「単語・意味・コメント・例文」をチェックしていきましょう。きつい場合は、まずは「単語・意味・コメント」に絞って1周してから、2周目で例文を読む、という流れでもOKです。

音声のご利用方法

見出し語（英単語）と例文の音声を、次の①または②の方法で聴くことができます。記載されている注意事項をよく読み、内容に同意いただける場合のみご利用ください。

※音声は、「見出し語」→「見出し語の日本語訳」→「見出し語」→「例文」という順に収録されています。
トラック 1-01 は音声ファイル名に対応しています。

1 パソコンでダウンロードして聴く方法

https://www.kadokawa.co.jp/product/322211001042/

上記のURLへアクセスいただくと、mp3形式の音声データをダウンロードできます。「特典音声のダウンロードはこちら」という一文をクリックしてダウンロードし、ご利用ください。

※音声はmp3形式で保存されています。お聴きいただくにはmp3ファイルを再生できる環境が必要です。
※ダウンロードはパソコンからのみとなります。携帯電話・スマートフォンからはダウンロードできません。
※ダウンロードページへのアクセスがうまくいかない場合は、お使いのブラウザが最新であるかどうかご確認ください。また、ダウンロードする前にパソコンに十分な空き容量があることをご確認ください。
※フォルダは圧縮されています。解凍したうえでご利用ください。
※音声はパソコンでの再生を推奨します。一部のポータブルプレーヤーにデータを転送できない場合もございます。
※なお、本サービスは予告なく終了する場合がございます。あらかじめご了承ください。

2 スマートフォンで音声を聴く方法

abceed
AI英語教材エービーシード

abceed アプリ（無料）
Android・iPhone 対応

https://www.abceed.com/

ご利用の場合は、QRコードまたはURLより、スマートフォンにアプリをダウンロードし、本書を検索してください。

※ abceedは株式会社 Globeeの商品です（2023年 6月時点)。

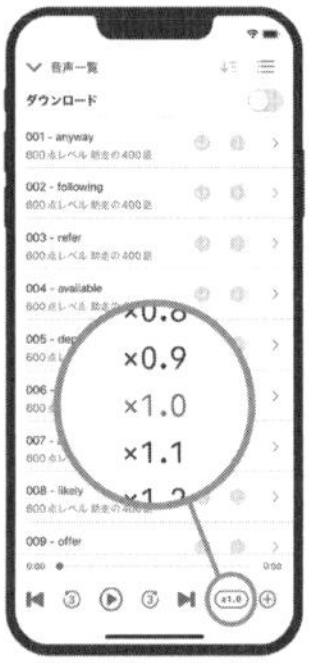

もっと深く学ぶために

構文のカッコの使い分け

本書では、構文を理解しやすくするために必要に応じて下線やカッコを用いています。カッコは、品詞（名詞・形容詞・副詞）で〈　〉[　]（　）を使い分けています。例文をしっかり読み込んで勉強したいという人は、「品詞」を意識して読むきっかけにしてください。高校へ行ってから品詞の力は重視されるので、将来役立ちますよ。

1 カッコや記号の使い分け

名詞句・名詞節➡〈　〉 ※名詞は重要なので、目立つ〈　〉を。

形容詞句・形容詞節➡[　]

副詞句・副詞節➡(　) ※副詞は「なくてもかまわない要素」なので、(　)を。

等位接続詞（and / but / or / so など）➡ 点線の枠

従属接続詞（when / if など）➡ 実線の枠

※接続詞は構文をつかむ上で特に重要なので、普段から意識する習慣をつけるために枠で示しました。

主語➡S　動詞➡V　目的語➡O　補語➡C

従属節の中の主語・動詞➡s・v

省略可能➡{　}

2 品詞の考え方

❶ 名詞➡S・O・Cになる

名詞はS（主語）、O（目的語）、C（補語）のどれかになります。

❷ 形容詞➡名詞修飾 or Cになる

形容詞は名詞を修飾（説明）するか、C（補語）になります。

❸ 副詞➡名詞以外を修飾

副詞は動詞・形容詞・他の副詞・文全体を修飾します。
「名詞以外を修飾」と覚えればカンタンです。

CONTENTS

CHAPTER

1

今すぐチェックしておきたい最新入試単語

高校入試では現実社会の流れを反映して、常に新しい単語が登場します。たとえば、AI「人工知能」やapp「アプリ」、さらにcoronavirus「コロナウイルス」やpandemic「パンデミック・世界的な流行病」といった単語が高校入試ですでに登場しているんです。いきなり難しいと思いますが、本書の真骨頂でもある最新単語をここで攻略していきましょう。

001

AI 名 人工知能

[eɪáɪ] エイアイ

例文 **AI and the latest technology can do things that humans cannot do.**（人工知能や最新テクノロジーは、人間にはできないことができる）

構文 〈AI and the latest technology〉 can do 〈things [that humans cannot do]〉.
S V O

artificial intelligence「人工知能」の略で、「コンピューターを使って人工的に作られた、人間のような知能」のことです。スマホの音声アシスタントや企業の公式LINEなど、すでに身近なところで使われており、最新の高校入試でも頻出です。

002

robot 名 ロボット

[róubɑt] ロウバット

例文 **He said that computers or robots could do some jobs better than humans.**（彼は、コンピューターやロボットのほうが人間よりうまくできる仕事もあると言った）

構文 He said 〈that computers or robots could do some jobs (better than humans)〉.
S V O s v o

ロボットと言っても、必ずしもアニメに出てくるような見かけとは限らず、「何かしらの仕事をする高性能な機械」も指します。入試の長文で「ロボットが人間に取って代わる」「ロボットで遠隔手術する」といった内容が出たりします。

003

social media 名 ソーシャルメディア、SNS

[sóʃəl míːdiə] ソウシャル ミーディア

例文 **I don't use social media such as Twitter or Facebook.**
（私はTwitterやFacebookなどのSNSは使っていません）

構文 I don't use 〈social media [such as Twitter or Facebook]〉.
S V O

「マスメディア（新聞・テレビなど）」と異なり、誰もが参加・情報発信できるものです（Twitter・Facebookなど）。日本ではSNSと言いますが、英語ではsocial networking serviceよりもsocial mediaのほうがよく使われます。

アイコン説明
Review! 前に出てきた単語を覚えているか、チェックしましょう。
周回Check! 取り組んだ日付を書きこんで、3周(回)はくりかえしましょう。

004

smartphone 名 スマートフォン

[smάːrtfòun] スマートフォン

例文 **Playing games and watching movies on smartphones are fun!**（スマホでゲームをしたり、映画を見たりするのは楽しいです！）

構文 〈Playing games and watching movies (on smartphones)〉 are fun!
S V C

本来は「賢い（smart）電話（phone）」→「スマートフォン」です（書くときはsmart phoneと2語に分けないように注意）。高校入試や英検で「スマホの是非」は頻出テーマです。

005

cell phone/mobile phone 名 携帯電話

[sél foun] セルフォン / [móubaɪl foun] モバイルフォン

例文 **I left my cell phone at the restaurant.**
（私はレストランに携帯電話を忘れた）

構文 I left my cell phone (at the restaurant).
S V O

cellは「細胞」という意味です。携帯の電波が届く地域を、細胞のように細かく区切ったことに由来しています。主にアメリカではcell phoneを、イギリスではmobile phoneを使います（普段の会話では単にphoneだけのことも多いです）。

006

application/app 名 アプリ

[æplɪkéɪʃən] アプリケイション / [ǽp] アプ

例文 **I have many apps on my phone.**
（私はスマホ（携帯電話）にたくさんのアプリが入っている）

構文 I have many apps (on my phone).
S V O

本来はapplication program「応用プログラム（特定の目的のために作られたプログラム）」でしたが、最近では短縮したappもよく使われます。

周回Check! 1 / 2 / 3 /

007
e-mail 名 Eメール 動 Eメールを送る

[íːmèɪl] イーメイル

例文 **Which do you like better, sending an e-mail or talking on the phone?**（Eメールを送るのと電話で話すのは、どちらが好きですか？）

構文 Which do you like better, 〈sending an e-mail〉 or 〈talking (on the phone)〉?
Which = O, you = S, like = V

本来は electronic mail「電子メール」のことで、e-mailや email（ハイフンなし）でよく使われます。mailは「メール」ではなく「郵送（する）」の意味が基本です。例文は実際に自由英作文のお題として出題されたものです。

008
text 動（スマホでメッセージを）送る・メールを打つ 名 本文

[tékst] テクスト

例文 **I took out my smartphone, and texted Kana.**
（私はスマホを取り出し、カナにメッセージを送った）

構文 I took out my smartphone, and texted Kana.
I = S, took out = V, my smartphone = O, texted = V, Kana = O

「Eメールを送る」場合はe-mailを使いますが、LINEなどに代表されるメッセージアプリを使って「メッセージを送る」場合にはtextを使います。例文はtext 人「人にメッセージを送る」の形です。

009
Internet 名 インターネット

[íntərnèt] インタネット

例文 **There is a lot of information on the Internet.**
（インターネット上にはたくさんの情報がある）

構文 There is 〈a lot of information〉 (on the Internet).
is = V, a lot of information = S

かつてはthe Internetの形でしたが、現在では小文字でinternetと使われることも増えてきました。ネット・SNS関連の単語はonと相性が良く、on the Internet「インターネットで」やon Instagram「Instagramで」とよく使います。

Review!
- ☐ AI
- ☐ robot
- ☐ social media
- ☐ smartphone
- ☐ cell phone
- ☐ application/app

010

online 形 オンライン上の 副 オンライン上で

[ɔ̀nláɪn] オンライン

例文 **We will have an online meeting with a high school in Australia next month.**
（来月、私たちはオーストラリアの高校とオンラインミーティングを行う予定だ）

構文 We will have 〈an online meeting [with a high school in Australia]〉 (next month).
S: We / V: will have / O: an online meeting [with a high school in Australia]

最新入試では、online meeting「オンライン会議」や online class「オンライン授業」の話題がよく出題されています。自由英作文で「対面授業 vs. オンライン授業」も出題済みです（英検でも出ます）。

011

digital 形 デジタルの

[díʤətəl] ディヂタル

例文 **In 2020, more than half of comic book sales in Japan were digital.**（2020年、日本でのコミックの売上の半分以上がデジタルのものだった）

構文 (In 2020), 〈more than half [of comic book sales [in Japan]]〉 were digital.
S: more than half [of comic book sales [in Japan]] / V: were / C: digital

もはや「デジタルの」と日本語になっていますね。入試の長文で、digital technology「デジタルテクノロジー」／ digital comic book「デジタルコミック（漫画）」などとよく使われています。

012

google 動 インターネット検索をする 名 グーグル

[gúːgl] グーグル

例文 **That evening, I googled it and found an answer.**
（その日の夕方、それをググってみると答えが見つかった）

構文 (That evening), I googled it and found an answer.
S: I / V: googled / O: it / and / V: found / O: an answer

固有名詞（会社名）の Google「グーグル」が、動詞「（グーグルなどで）インターネット検索をする」でも使われるようになりました（日本語の「ググる」と同じ発想です）。google the word で「その単語をインターネットで検索する」です。

周回Check! 1 ／ 2 ／ 3 ／

013

surf 動 ネットサーフィンをする

[sə́ːrf] サーフ

例文 **In my free time I like to surf the Internet.**
（暇なとき、ネットサーフィンするのが好きだ）

構文 (In my free time) I like to surf the Internet.
S V O

本来は「（海で）サーフィンをする」ですが、最近では「インターネットでサイトを見て回る（ネットサーフィンする）」の意味でもよく使います。次から次へと新しい波（ネットの場合は色々なサイト）に乗り換えるイメージです。

014

tablet 名 タブレット端末、錠剤

[tǽblət] タブレット

例文 **Recently, more and more people are using tablets, such as iPads.**（最近、iPadのようなタブレット端末を使っている人が増えている）

構文 Recently, 〈more and more people〉 are using 〈tablets, [such as iPads]〉.
S V O

本来は「平らな板」で（table「机」と関連があります）、そこから「タブレット端末」となりました。最新入試では「英語の授業でタブレット端末を使うことの是非」が出題されています。

015

screen 名 画面

[skríːn] スクリーン

例文 **By looking at the screens for a long time, our eyesight will get very weak.**（長時間画面を見続けていると、視力がかなり低下してしまいます）※ eyesight「視力」

構文 (By looking at the screens (for a long time)), our eyesight will get very weak.
S V C

「映画のスクリーン」に限らず、「パソコン・スマホの画面」などにも使えます。「スクショ（スクリーンショット）」とは、スマホの「画面」を画像データとして保存することですね。

Review!

- ☐ e-mail
- ☐ text
- ☐ Internet
- ☐ online
- ☐ digital
- ☐ google

016

device 名 機器、装置

[dɪváɪs] ディヴァイス

例文 **Almost everyone uses some kind of digital device.**
(ほとんど全員が何らかのデジタル機器を使っている)

構文 Almost everyone (S) uses (V) 〈some kind of digital device〉(O).

スマホ・タブレット・ヘッドホン・マウスなどを総称的に表します。最近ではスマホ関係の機器を「デバイス」と言いますが、本来は「機器」という意味なんです。digital device「デジタル機器」、medical device「医療機器」です。

017

electronic 形 電子の、インターネットの

[ɪlèktrá(ː)nɪk] イレクトゥラニク

electronically 副 インターネット上で

例文 **When you study English, which should you use, an electronic dictionary or a printed dictionary?** (英語を勉強するとき、電子辞書と紙の辞書のどちらを使うべきですか?)

構文 (When you (s) study (v) English (o)), which (O) should you (S) use (V), 〈an electronic dictionary〉 or 〈a printed dictionary〉?

electronic mail「電子メール」の略が e-mailでしたね（7番)。electronic dictionary「電子辞書」／electronic device「電子機器」／electronic money「電子マネー」などと使います。

018

access 名 接近、利用、入手

[ǽkses] アクセス

例文 **These days, most high school students have easy access to the internet.**
(最近では、ほとんどの高校生が簡単にインターネットを利用できる)

構文 (These days), 〈most high school students〉(S) have easy access to (V) the internet (O).

日本語でも「サイトにアクセスする」などと言いますね。have access to ～「～へのアクセスを持っている」→「～にアクセスできる・～を利用できる」の形が大切です。

周回Check! 1 ／ 2 ／ 3 ／

019

anime 名 アニメ

[ǽnɪmèɪ] アニメイ

例文 **Brian likes Japanese anime and wants to understand them in Japanese.**
(ブライアンは日本のアニメが好きで、日本語で理解できるようになりたいと思っている)
※ them＝Japanese anime

構文 Brian (S) likes (V) Japanese anime (O) and wants to understand (V) them (O) (in Japanese).

元々は animation「アニメーション・動画」という単語で、日本ではそれを略して「アニメ」と呼ぶようになりました。それを反映して、海外でも animeで「(日本の）アニメ」を表すようになったのです（海外の辞書にも載っています）。

020

comic 名 漫画

[kɑ́(ː)mɪk] カァミック

例文 **Reading foreign comic books is a great way to learn language and culture.** (外国の漫画を読むことは、言語と文化を学ぶすばらしい方法だ)

構文 〈Reading foreign comic books〉(S) is (V) 〈a great way [to learn language and culture]〉(C).

日本語でも「人気コミック」などと言いますね。例文のように comic bookの形でよく使われます。リスニングでも出ますし、「紙の漫画 vs. デジタル漫画」に関する長文も高校入試で出題されています。

021

manga 名 漫画

[mǽŋgə] マンガ

例文 **Are Japanese *manga* and *anime* popular in your country?**
(あなたの国で日本の漫画やアニメは人気ですか?)

構文 Are (V) 〈Japanese *manga* and *anime*〉(S) popular (C) (in your country)?

海外の漫画（アメコミなど）は comic book、日本の漫画にはそのまま mangaを使うことが多いです。英英辞典では mangaを Japanese comic books「日本の漫画」と説明しています。

Review!
- □ surf
- □ tablet
- □ screen
- □ device
- □ electronic
- □ access

022

karaoke 名 カラオケ

[kærióuki] キャリオウキィ

例文 **It is becoming common for people to enjoy activities alone, like going to *karaoke* or *onsen*.**（カラオケや温泉に行くなど、何かを１人で楽しむことが一般的になってきている）

構文 It is becoming common (for people) 〈to enjoy activities alone, [like going to *karaoke* or *onsen*]〉.
仮S V C 真S

「カラオケ（ボーカルのない、空（から）のオーケストラ）」という日本語が、そのまま英語で使われるようになりました。発音とアクセントに注意が必要です。

023

castle 名 城

[kǽsl] キャスル

例文 **Let's go to see a famous castle built in the 17th century.**
（17世紀に建てられた有名な城を見に行こう）

構文 Let's go (to see 〈a famous castle [built in the 17th century]〉).
V

本来は「砦（とりで）」の意味で、西洋のお城にも日本のお城にも使える単語です。お城は観光名所になるので、日本紹介でも重宝します。a castle town「城下町」もよく使う表現です。発音はcastleのtは読まず「キャスル」です。

024

temple 名 お寺

[témpl] テンプル

例文 **I'm going to visit a castle and a famous temple today.**
（今日はお城と有名なお寺を訪れる予定だ）

構文 I'm going to visit 〈a castle and a famous temple〉 today.
S V O

京都では、いろんな所にtempleと書かれた標識があります。英作文でも重宝するので、templeというつづりもチェックしておきましょう（tempuraと同じ要領で、pのように唇がくっつく音の前ではnではなくmです）。

周回Check! 1 ／ 2 ／ 3 ／

025

shrine 名 神社

[ʃráɪn] シュライン

例文 **He is interested in old Japanese temples and shrines.**
（彼は日本の昔のお寺や神社に興味を持っている）

構文 He (S) is interested in (V) 〈old Japanese temples and shrines〉(O).

高校生でも知らない人がいますが、高校入試でも普通に出てきますし、日本紹介で欠かせない単語です。たとえば「初詣」について、I visit a shrine on New Year's Day every year.「私は毎年元日に神社に行っています」と説明できます。

026

hot spring 名 温泉

[hɑ́ːt spríŋ] ハッ（ト）スプリング

例文 **We have a lot of good places like hot springs, shrines and temples.**
（私たちの町には、温泉、神社、お寺など素敵な場所がたくさんあります）

構文 We (S) have (V) 〈a lot of good places [like hot springs, shrines and temples]〉(O).

springは本来「バネが飛び出す」イメージで、「芽が飛び出す季節」→「春」の意味が有名です。「地面から水が飛び出す」→「泉」の意味もあり、hot springは「熱い（hot）泉（spring）」→「温泉」となります。

027

calligraphy 名 書道

[kəlígrəfi] カリグラフィ

例文 **What does the calligraphy club do? – They practice writing Japanese words on special paper using a brush and ink.**（書道部は何をしているのですか？ ― 筆と墨を使って、特別な紙に日本語を書く練習をしています）

構文 What (O) does the calligraphy club (S) do (V)? – They (S) practice (V) 〈writing Japanese words (on special paper) (using a brush and ink)〉(O).

calligraphyの「グラフィック（graphic）」には「生き生きとした・文字の」などの意味があります。日本紹介で便利ですし、入試で「書道部」の話も出ます。

Review!

- ☐ anime
- ☐ comic
- ☐ manga
- ☐ karaoke
- ☐ castle
- ☐ temple

028

chopstick 名 箸

[tʃɑ́:pstɪk] チャップスティック

例文 **Carrying personal chopsticks to restaurants is becoming popular in Japan.** （日本では、レストランにマイ箸を持っていくことが一般的になりつつある）

構文 〈Carrying personal chopsticks (to restaurants)〉(S) is becoming(V) popular(C) (in Japan).

箸は2本で1セットなので、普通は複数形chopsticksで使います。「箸1膳」はa pair of chopsticksです。「文化の違い」や「食生活」に関する長文でもよく出ますし、ズバリ「箸の歴史」をテーマにした長文も出題済みです。

029

tea ceremony 名 茶道

[tí: sérəməni] ティー セレモニィ

例文 **Experiencing Japanese culture like tea ceremony was the most popular among foreign visitors.**
（茶道のような日本文化の体験が、外国人観光客に最も人気があった）

構文 〈Experiencing Japanese culture [like tea ceremony]〉(S) was(V) the most popular(C) (among foreign visitors).

「お茶の(tea)セレモニー・儀式(ceremony)」→「茶道」です。

030

firework 名 花火

[fáɪərwə:rk] ファイァワーク

例文 **Last night, we wore *yukatas* and enjoyed hand-held fireworks in the garden.** （昨晩、私たちは浴衣を着て、庭で線香花火を楽しんだ）

構文 (Last night), we(S) wore(V) *yukatas*(O) and enjoyed(V) hand-held fireworks(O) (in the garden).

「火の(fire)作品(work)」→「花火」です。fireworks display・fireworks festivalで「花火大会」となります（複数形でよく使います）。例文のhand-held fireworksは「手で(hand)持たれる(held)花火」→「手持ち花火・線香花火」です。

周回Check! 1 ／ 2 ／ 3 ／

031 # cherry blossoms 名 桜の花

[tʃéri blɑ́ːsəms] チェリー ブラッサムズ　**blossom** 名 花 動 開花する、発達する

例文 **Mt. Takao is a good place to see cherry blossoms.**
（高尾山は桜を見ることができる良い場所（お花見にもってこいの場所）だ）

構文 Mt. Takao (S) is (V) 〈a good place [to see cherry blossoms]〉(C).

「お花見」を説明するときに必要です（花は複数あるので複数形 blossoms で使うのが普通）。We enjoyed looking at cherry blossoms last night. は「昨夜私たちは桜の花を見るのを楽しんだ」→「昨夜私たちはお花見を楽しんだ」です。

032 # emoji 名 絵文字

[imóudʒi] イモウヂィ

例文 **The word emoji comes from Japanese characters for *picture* and *letter*.** （emoji（絵文字）という言葉は、「絵」と「文字」を表す日本語に由来している）
※ come from ～「～に由来する」／ character「文字」

構文 The word emoji (S) comes from (V) 〈Japanese characters [for *picture* and *letter*]〉(O).

日本語の「絵文字」は2007年頃から英語でも使われるようになりました。絵文字は「言語」の新たな側面を持つため、入試の長文でよく出題されます。

高校入試では「日本の文化を英語で紹介する」英作文がよく出るので、こういった語句は重宝しますよ。

Review!
- □ shrine
- □ hot spring
- □ calligraphy
- □ chopstick
- □ tea ceremony
- □ firework

033

coronavirus 名 コロナウイルス

[kəróunəvàırəs] クロウナヴァイラス　virus 名 ウイルス

例文 **How has the coronavirus changed your life?**
(コロナウイルスはどのようにあなたの生活を変えましたか?)

構文 How has the coronavirus(S) changed(V) your life(O)?

2020年の新型コロナウイルスの感染拡大の影響を受けて、高校入試でも出ています。virusの発音は「ヴァイラス」なので注意してください。coronavirusはウイルスの名称で、これによって生じる病気をCOVID-19と言います。

034

pandemic 名 世界的な流行病

[pændémık] パンデミック

例文 **Because of the COVID-19 pandemic, it was announced in March 2020 that the Tokyo Olympics would be postponed.** (新型コロナウイルスの感染拡大により、2020年3月に東京オリンピックの延期が発表された)

構文 (Because of the COVID-19 pandemic), it(仮S) was announced(V) (in March 2020) 〈that the Tokyo Olympics would be postponed〉(真S).
〈that the Tokyo Olympics(s) would be postponed(v)〉

日本語でも「パンデミック」と頻繁に使われるようになりました。特に難関校で「新型コロナの世界的な流行の影響」に関する長文や英作文が出ます。

035

lockdown 名 ロックダウン、封鎖

[lá:kdàun] ラックダウン

例文 **The global COVID-19 pandemic and its lockdowns have made bike sales go up.** (世界的な新型コロナウイルスの大流行とそのロックダウンにより、自転車の売上は増加した) ※bike「自転車」／make OC「OをCにする」

構文 〈The global COVID-19 pandemic and its lockdowns〉(S) have made(V) bike sales(O) go up(C).

「外からカギをかけて(lock)動けなくする(down)」→「ある区域を封鎖して出入りをできなくする・その場所に封じ込める」イメージです。

周回Check! 1 ／　2 ／　3 ／

036

emergency 名 緊急事態

[ɪmə́ːrdʒənsi] イマーヂェンスィ emerge 動 現れる

例文 **Japan had no choice but to declare a state of emergency to prevent the spread of COVID-19.** (日本は新型コロナウイルスの感染拡大防止のため、緊急事態宣言を出さざるをえなかった) ※ have no choice but to ～「～せざるをえない」

構文 Japan (S) had no choice but to declare (V) a state of emergency (O) (to prevent 〈the spread of COVID-19〉).

新型コロナ関連では、declare a state of emergency「緊急事態を宣言する」→「緊急事態宣言を発令する」とよく使われました。

037

vaccine 名 ワクチン

[vǽksíːn] ヴァクスィーン

例文 **Vaccines protect people from the flu.**
(ワクチンは人々をインフルエンザから守る) ※ flu「インフルエンザ」

構文 Vaccines (S) protect (V) people (O) (from the flu).

virus同様、「ヴァクスィーン」という発音に注意してください。「virusに感染しないために、vaccineが必要」と覚えましょう。海外ニュースで頻出ですし、難関校の語彙問題では vaccineが問われたこともあります。

038

vegetarian 名 ベジタリアン、菜食主義者

[vèdʒətériən] ヴェヂテリエン 形 菜食(主義)の

例文 **Vegetarians are people who do not eat animal meat including seafood.** (ベジタリアンとは、魚介類を含む動物の肉を食べない人のことです)

構文 Vegetarians (S) are (V) 〈people [who do not eat animal meat [including seafood]]〉 (C).

「動物を守りたい・健康に良い・環境に良い」といった理由から vegetarianになる人が増えています。動物性食品の生産には多くの資源が必要なので、環境への悪影響が少ない食生活を選んでいるわけです。

Review!
- □ cherry blossoms
- □ coronavirus
- □ lockdown
- □ emoji
- □ pandemic

039

vegan

[víːgən] ヴィーガン

名 ヴィーガン、完全菜食主義者

形 ヴィーガンの

例文 **Vegans do not eat anything that comes from an animal, including dairy products, honey, and eggs.**

（ヴィーガンは乳製品、蜂蜜、卵など、動物に由来するものを一切食べません）

構文 Vegans (S) do not eat (V) 〈anything [that comes from an animal], [including dairy products, honey, and eggs]〉 (O).

vegetarianは「肉・魚」を食べない人で、veganはそれに加えて「卵・乳製品・蜂蜜」などもとりません。日本でもヴィーガン対応のレストランが増えています。

すでに高校入試の英作文で「新型コロナが生活に与えた影響は？」が出ていますし、語彙問題でズバリlockdownが問われたりしているんです！

周回Check!　1 ／　2 ／　3 ／

040

sustainable 形 持続可能な

[səstéɪnəbl] サステイナブル　　sustain 動 持続させる、支える

例文 **We need to work together to create a sustainable future.**
（私たちは持続可能な未来をつくるために一丸となって取り組む必要がある）

構文 We (S) need to work together (V) (to create a sustainable future).

「環境に悪影響を与えずにずっと続く」イメージです。日本でもよく使われているSDGs「持続可能な開発目標」はSustainable Development Goalsの略です。

041

renewable 形 再生可能な

[rɪnjú:əbl] リニューアブル　　renew 動 更新する

例文 **It is important to develop renewable energy such as wind, water, and solar.**（風力、水力、太陽光などの再生可能エネルギーを開発することが重要だ）

構文 It (仮S) is (V) important (C) 〈to develop renewable energy [such as wind, water, and solar]〉(真S).

「再び（re）新しく（new）されることができる（able）」→「再生可能な」です。renewable energyとは「自然の力で再生される枯渇しないエネルギー」のことです（≒ sustainable energy）。

042

fossil fuel 名 化石燃料

[fá:səl fjúəl] ファッスル フューエル

例文 **When we use fossil fuels, we make a gas called carbon dioxide.**（化石燃料を使用すると、二酸化炭素というガスが発生します）

構文 (When we (s) use (v) fossil fuels (o)), we (S) make (V) 〈a gas [called carbon dioxide]〉(O).

化石燃料とは「石油・石炭・天然ガス」などで、地球温暖化の原因にもなります。入試では「化石燃料に代わる再生可能エネルギーを開発する」話がよく出ます。

Review!
- □ emergency
- □ vaccine
- □ vegetarian
- □ vegan

043

carbon dioxide 名 二酸化炭素

[kɑ́ːrbən daɪɑ́(ː)ksàɪd] カーボン ダイアクサイド

例文 **We must try to keep Earth cool by using fewer fossil fuels and producing less carbon dioxide.**（我々は化石燃料の使用を減らし、二酸化炭素の排出を減らすことで、地球温暖化を食い止めようとしなければなりません）
※直訳「我々は～によって地球を冷たいままにしようとしなければならない」

構文 We (S) must try to keep (V) Earth (O) cool (C) (by using 〈fewer fossil fuels〉 and producing 〈less carbon dioxide〉).

carbonは「炭素」、dioxideは「2つ（di）の酸化物（oxide）」→「二酸化物」です。

044

greenhouse 名 温室 形 温室効果の

[gríːnhàus] グリーンハウス

例文 **Methane gas is the second most common greenhouse gas.**
（メタンガスは2番目に多い温室効果ガスだ）※ the second 最上級「2番目に～」

構文 Methane gas (S) is (V) 〈the second most common greenhouse gas〉 (C).

環境問題では greenhouse gas「温室効果ガス」や greenhouse effect「温室効果」が大切です。二酸化炭素などの温室効果ガスが熱エネルギーを内部にとどめることで、気温が上昇し地球温暖化につながると考えられています。

045

emit 動 発する、排出する

[ɪmít] イミット　emission 名 排出(量)

例文 **Meat production emits greenhouse gases such as CO_2.**
（食肉生産は、二酸化炭素などの温室効果ガスを排出する）

構文 Meat production (S) emits (V) 〈greenhouse gases [such as CO_2]〉 (O).

「外へ（e = ex）送る（mit）」→「（光・音などを）出す・発する」です。環境問題に関する長文で、emit greenhouse gases「温室効果ガスを排出する」とよく出てきます。

周回Check! 1 ／ 2 ／ 3 ／

046

global warming 名 地球温暖化

[glóubəl wɔ́ːrmɪŋ] グロウバル ウォーミング

例文 **The carbon dioxide increases the greenhouse effect and Earth gets warmer. This is called global warming.**（二酸化炭素が温室効果を高め、地球が暖かくなる。これを地球温暖化といいます）

構文 The carbon dioxide (S) increases (V) the greenhouse effect (O) and Earth (S) gets (V) warmer (C). This (S) is called (V) global warming (C).

「地球規模で（global）暖かくなる（warming）」→「地球温暖化」です。

047

climate change 名 気候変動

[kláɪmət tʃéɪndʒ] クライメット チェインヂ

例文 **It is well known that climate change is melting Earth's ice and glaciers.**（気候変動によって、地球の氷や氷河が溶けていることはよく知られている）

構文 It (仮S) is (V) well known (C) 〈that (真S) climate change (s) is melting (v) Earth's ice and glaciers (o)〉.

climateは「気候」、changeは「変化」です。最近ではglobal warmingの代わりにclimate changeが使われる機会も増えてきました。場所によって必ずしも暑くなるとは限りませんし、大雨・台風・大雪などの幅広い事象を表すためです。

048

eco-friendly 形 環境に優しい

[íːkoufréndli] イコウフレンドリィ

例文 **Using bicycles is more eco-friendly than using cars or buses and so on.**（車やバスなどを使うよりも、自転車を利用するほうが環境に優しい）

構文 Using bicycles (S) is (V) more eco-friendly (C) (than using cars or buses and so on).

日本語でも「エコ」と言いますが、これはeco-friendlyで「生態系・環境に優しい」のことです。environmentally-friendly「環境面で（environmentally）優しい（friendly）」→「環境に優しい」という単語も同じように使えます。

Review!

□ sustainable □ fossil fuel □ greenhouse
□ renewable □ carbon dioxide □ emit

049

resource 名 資源

[ríːsɔːrs] リーソース

例文 **We should use natural resources in sustainable and efficient ways.**（私たちは天然資源をより持続可能で効率的な方法で使うべきだ）

構文 We(S) should use(V) natural resources(O) (in sustainable and efficient ways).

「再び（re）供給源・ソース（source）となってくれるもの」→「手段・財源・資源」です。natural resources「天然資源」の形でよく出ます（複数形で使うことが多い）。

050

power plant 名 発電所

[páuər plǽnt] パウワ プラント

例文 **Kenya has built power plants with Japan to use renewable energy.**
（ケニアは日本とともに、再生可能エネルギーを使用する発電所を建設した）

構文 Kenya(S) has built(V) power plants(O) (with Japan) [to use renewable energy].

powerは「電力」（352番）、plantは「工場」（351番）で、power plant「電力を生み出す工場」→「発電所」となりました。a solar power plantは「太陽光発電所」、a nuclear power plantなら「原子力発電所」です。

051

sea level 名 海面、海抜

[síː lévəl] スィー レヴェル

例文 **Tuvalu is now only 10 centimeters above sea level.**
（ツバルは現在、たった海抜 10センチメートルに位置している）

構文 Tuvalu(S) is(V) (now) (only 10 centimeters above sea level).

「海の（sea）レベル・高さ（level）」→「海面・海抜」です。地球温暖化の影響で海面が上昇しており、今後 30年で、世界各地の沿岸部に暮らす 1億 5000万人の居住地が水浸しになる可能性があるとの調査結果もあります。

周回Check! 1 ／ 2 ／ 3 ／

052

pollution 名 汚染

[pəlúːʃən] パルーション　　pollute 動 汚染する

例文 **Much air pollution in cities is caused by burning coal and oil.**（都市部の大気汚染の多くは、石炭や石油を燃やすことによって引き起こされる）

※ be caused by ～「～によって引き起こされる」／ coal「石炭」／ oil「石油」

構文 〈Much air pollution [in cities]〉(S) is caused(V) (by burning coal and oil).

動詞 pollute「汚染する」の名詞形が pollutionです。「公害」の話は環境がテーマの長文で頻出です。air pollution「大気汚染」／ water pollution「水質汚染」などと使われます。

053

coral reef 名 サンゴ礁（しょう）

[kɔ́ːrəl ríːf] コーラル リーフ

例文 **The Great Barrier Reef in the Pacific Ocean is the largest coral reef in the world.**（太平洋にあるグレート・バリア・リーフは世界最大のサンゴ礁だ）

構文 〈The Great Barrier Reef [in the Pacific Ocean]〉(S) is(V) the largest coral reef(C) (in the world).

ファッションやコスメで使われる「コーラルピンク」は「サンゴ」の色が由来になっています。reefは「グレート・バリア・リーフ」（オーストラリアの巨大なサンゴ礁）から覚えましょう。長文で「サンゴ礁の保護」の話はよく出ます。

054

endangered 形 絶滅の危機にある

[ɪndéɪndʒərd] インデインヂャァド　　endanger 動 危険にさらす

例文 **If nothing is done for endangered languages, many of them will be lost.**（絶滅の危機に瀕している言語に対して何もなされなければ、そのうち多くの言語が失われてしまう）

構文 (If nothing(s) is done(v) (for endangered languages)), many of them(S) will be lost(V).

動詞 endangerは「危険（danger）を中にこめる（en）」→「危険にさらす」で、その過去分詞 endangeredは「危険にさらされた」です。

Review!
- □ global warming
- □ climate change
- □ eco-friendly
- □ resource
- □ power plant
- □ sea level

055

extinction 名 絶滅、消滅

[ɪkstíŋkʃən] イクスティンクション　extinct 形 消えた、絶滅した

例文 **The Maori language is in danger of extinction.**
（マオリ語は消滅の危機にある）

構文 The Maori language (S) is (V) in danger of extinction (C).

be in danger of extinctionは、直訳「絶滅（extinction）の危機（danger）の中で・状態で（in）」→「絶滅の危機に瀕して」です。高校入試では「絶滅危惧種」や「消滅の危機に瀕している言語」に関する長文が頻出です。

056

species 名（生物学の）種（しゅ）

[spíːʃiːz] スピーシーズ

例文 **The manatee is listed as an endangered species.**（マナティーは絶滅危惧種に指定されている）※ list A as B「AをBに指定する」の受動態

構文 The manatee (S) is listed (V) (as an endangered species).

an endangered species「絶滅危惧種」は環境問題や動物保護に関する長文で出ます（speciesは単数形も複数形も同じ形）。ちなみに、the speciesは「みんなで共通認識できる（the）種（species）」→「人間」です。

057

dinosaur 名 恐竜

[dáɪnəsɔ̀ːr] ダイナソー

例文 **Millions of years ago, when dinosaurs were walking around, the Earth was much warmer.**
（数百万年前、恐竜が歩いていた頃の地球は、（今より）はるかに暖かかった）

構文 (Millions of years ago, when dinosaurs (s) were walking around (v)), the Earth (S) was (V) much warmer (C).

恐竜の「〇〇サウルス」という名前はdinosaurに由来しています。the extinction of the dinosaurs「恐竜の絶滅」やa dinosaur fossil「恐竜の化石」がよく出ます。

周回Check!　1 ／　2 ／　3 ／

058

garbage 名 ゴミ

[gɑ́ːrbɪdʒ] ガービッヂ

例文 **When he takes a walk, he often collects garbage to keep our town clean.**（彼は散歩する際、町をきれいに保つためにゴミをよく拾っている）

構文 (When he takes a walk), he often collects garbage (to keep our town clean).
s v o S V O

元々は「動物の内臓」という意味があり、そこから主に「家庭から出るゴミ」を指すようになりました。collect garbage「ゴミを収集する」／take out the garbage「ゴミを出す」／a garbage can「ゴミ箱」とよく使います。

059

trash 名 ゴミ

[trǽʃ] トラッシュ

例文 **We pick up trash in this park every Saturday.**
（私たちは毎週土曜日に、この公園でゴミ拾いをしています）

構文 We pick up trash (in this park) (every Saturday).
S V O

garbageと同じと考えてOKです。pick up trash「ゴミを回収する・拾う」は重要表現で、ボランティアがゴミを拾ったり、業者がゴミを回収したりする際に使います（pick upは155番）。

060

food loss 名 フードロス、食品ロス

[fúːd lɔ́s] フード ロス

food waste 名 食品廃棄物

例文 **Food loss means wasting food that we can still eat.**
（フードロスとは、まだ食べられる食品を廃棄することだ）※ waste「廃棄する」

構文 Food loss means 〈wasting food [that we can still eat]〉.
S V O

世界で9人に1人が栄養不足で苦しんでいるにもかかわらず、世界の食料の3分の1近くが廃棄されています。最新入試では「food lossを減らすために何ができると思いますか？」という英作文も出題されています。

Review!
- □ pollution
- □ coral reef
- □ endangered
- □ extinction
- □ species
- □ dinosaur

061

plastic 名 プラスチック 形 プラスチック製の、ビニールの

[plǽstɪk] プラスティック

例文 **In 2050, plastic waste in the world will be heavier than all of the fish living in the sea.**（2050年には、世界のプラスチックゴミ（の量）が海に住むすべての魚よりも重くなるだろう）

構文 (In 2050), 〈plastic waste [in the world]〉 will be heavier (than all of the fish [living in the sea]).
S: plastic waste [in the world] / V: will be / C: heavier

最新入試で「海洋プラスチック汚染」の話は頻出です。a plastic bag「ビニール袋」、a plastic bottle「ペットボトル」もチェックを。

062

single-use 形 使い捨ての

[síŋgljúːs] スィングルユース

例文 **The average people in Denmark use four single-use bags per year.**（デンマークの平均的な人々は、使い捨ての袋を1年に4枚使っている）

構文 〈The average people [in Denmark]〉 use four single-use bags (per year).
S: The average people [in Denmark] / V: use / O: four single-use bags

「1回のみ（single）使える（use）」→「使い捨ての」です（このuseの発音は「ユース」)。「プラスチックごみ」の話題で大事な単語で、single-use plastic strawsは「プラスチック製の使い捨てストロー」です。

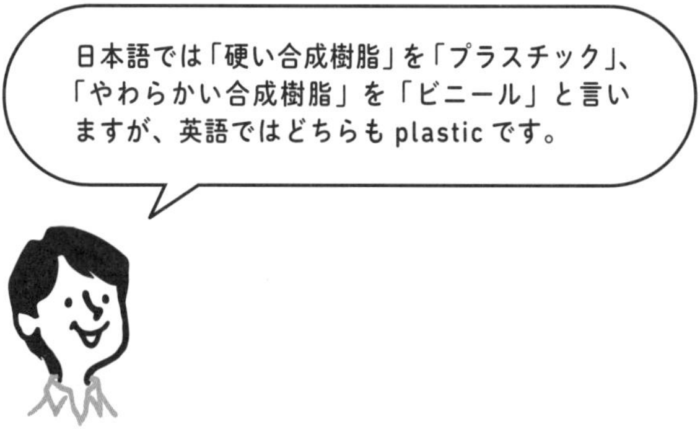

日本語では「硬い合成樹脂」を「プラスチック」、「やわらかい合成樹脂」を「ビニール」と言いますが、英語ではどちらもplasticです。

周回Check! 1 ／ 2 ／ 3 ／

063

typhoon 名 台風

[taɪfúːn] タイフーン

例文 **In Japan, typhoons are common in September.**
（日本では、9月に台風がよく発生します）

構文 (In Japan), typhoons(S) are(V) common(C) (in September).

日本語の「台風」と音が似ていますね。中国語の「大風」が、日本語では「台風」に、英語ではtyphoonになりました。A major typhoon hit Tokyo.は「大型台風が東京を襲った」です（hitは「台風が場所を打つ」→「襲う」／このhitは過去形）。

064

earthquake 名 地震

[ə́ːrθkwèɪk] アースクウェイク

例文 **In Japan, there are many natural disasters including typhoons, earthquakes, and floods.** ※flood「洪水」
（日本では、台風、地震、洪水などの自然災害がたくさん発生します）

構文 (In Japan), there are(V) 〈many natural disasters [including typhoons, earthquakes, and floods]〉(S).

「地球が（earth）揺れる（quake）」→「地震」です。earthは「地球」（332番）、quakeは「クラクラッ」と揺れるイメージです。

065

tsunami 名 津波

[tsunάːmi] ツナーミ

例文 **Jiya lost his family in a big *tsunami* that hit his village.**
（ジヤは村を襲った大きな津波で家族を失ってしまった）

構文 Jiya(S) lost(V) his family(O) (in a big *tsunami* [that hit his village]).

本来は日本語ですが、もはや完全に英語として定着しています。「災害」関連の長文で出てきますし、海外ニュースでも大事な単語です。

Review!
- □ garbage
- □ trash
- □ food loss
- □ plastic
- □ single-use

066

evacuation drill 名 避難訓練

[ɪvækjuéɪʃən dríl] イヴァキュエイション ドリル

例文 **A school evacuation drill is a chance for students to learn how to protect themselves in an emergency.**（学校の避難訓練は、生徒が緊急時に自分の身を守る方法を学ぶ機会だ）※ chance for 人 to ～「人が～する機会」

構文 〈A school evacuation drill〉(S) is(V) 〈a chance [for students to learn how to protect themselves (in an emergency)]〉(C).

動詞 evacuateは「外へ（e = ex）出して空にする（vac）」→「(危険な場所から) 避難させる」で、その名詞形が evacuation「避難」です。

入試で災害の話はよく出るので、難関校を目指す人は 64 番の例文にある natural disasters「自然災害」もチェックを（複数形でよく使います）。

周回Check! 1 ／ 2 ／ 3 ／

CHAPTER 2

公立高校
合格レベルの
単語

公立高校の入試に必要な単語を集めました。今後、英語を読む・書く・話す・聞くうえで土台となるものばかりです。全単語に詳しいコメントをつけましたので、圧倒的に記憶に残りやすくなると思います。

067

do
[dúː] ドゥ

する
do - did - done

例文 **I do my homework in the living room.**
（私はリビングで宿題をします）

構文 I do my homework (in the living room).
S V O

否定文・疑問文で使うだけでなく、一般動詞として「する」という意味もあります。日常会話で What do you do on weekends?「週末は何をしてるの？」もよく使います（最初の doは疑問文をつくる働き、2つめの doは「する」）。

068

like
[láik] ライク

好きだ 前 ～のように

例文 **Paul likes *sushi* very much.**
（ポールは寿司が大好きだ）

構文 Paul likes *sushi* (very much).
S V O

入試の英作文で「好きなもの」はよく問われます（例：Which month do you like the best?「あなたはどの月が一番好きですか？」）。会話でのちょっとした褒め言葉として、I like your ～「あなたの～、いいね」という感じでも使える便利な単語です。

069

love
[lʌ́v] ラヴ

大好きだ、愛している 名 愛
lovely 形 美しい

例文 **We love our mother and father.**
（私たちは母と父が大好きです）

構文 We love 〈our mother and father〉.
S V O

「愛している」と言うとなんだか大げさですが、「大好きだ」というニュアンスでよく使われます。たとえば、日本語で「イチゴを愛している」は不自然ですが、英語では I love strawberries.「イチゴが大好き」と自然に使えるのです。

Review!
- □ typhoon
- □ earthquake
- □ tsunami
- □ evacuation drill

070
cook
[kúk] クック

料理する　名 料理する人

例文 **My mother cooks fish for breakfast every morning.**
（私の母は毎朝、朝食に魚を料理します）

構文 My mother (S) cooks (V) fish (O) (for breakfast) (every morning).

日本語では料理人を「コック」と言いますが、英語 cookの発音は「クック」です。Your mom is a good cook. は、直訳「あなたのお母さんは良い料理人だ」→「お母さん料理上手いね」となります（この cookは名詞）。

071
clean
[klíːn] クリーン

掃除する　形 きれいな

例文 **The students clean their classroom after school.**
（生徒たちは放課後、教室を掃除している）

構文 The students (S) clean (V) their classroom (O) (after school).

日本語でも「(衣服の) クリーニング」や「クリーンな環境」と言いますね。形容詞では、get clean drinking water「きれいな飲み水を得る」のように使います。リスニングで「掃除」の話が、長文で「きれいな水」に関する話が頻出です。

072
begin
[bigín] ビギン

始める、始まる
begin – began – begun

例文 **Please sit down. The concert will begin in one minute.**
（席についてください。コンサートが1分後に始まります）

構文 Please sit down (V). The concert (S) will begin (V) (in one minute).

「初心者」のことを「ビギナー (beginner)」と言いますね。-ing形は nを重ねて beginningとする点に注意しましょう。入試では、リスニングの指示で Now begin.「それでは、始めます」と使われることもあります（この後に英文が流れます）。

周回Check! 1 ／ 2 ／ 3 ／

073

want

[wɑ́nt] ワント

ほしい

例文 **I want a new bicycle.**
（僕は新しい自転車がほしい）

構文 I want a new bicycle.
S V O

want 名詞「名詞 がほしい」や want to 原形「～したい」の形が大切です。toは「未来志向」で、「これから～したい」という未来のイメージの wantと相性が良いのです。

074

need

[níːd] ニード

必要とする

例文 **This electronic dictionary needs new batteries.**
（この電子辞書は新しい電池が必要だ）

構文 This electronic dictionary needs new batteries.
S V O

歌詞で I need you.「君が必要なんだ」とよく使われています。need to 原形「～する必要がある」という形も重要です。I need to go now. は、直訳「私は今行く必要がある」→「もう行かなきゃ」という会話でよく使う表現です。

075

plan

[plǽn] プラン

計画する 名 計画

例文 **I'm planning to buy a new tablet.**
（私は新しいタブレットを買う予定だ）

構文 I'm planning to buy a new tablet.
S V O

日本語でも「計画を立てる」ことを「プランを立てる」と言います。plan to 原形「～する計画だ・～する予定だ」の形でよく使います（「これから～する予定」という未来のイメージですね）。-ing形は planningで、nを重ねる点にご注意を。

Review!
- □ do
- □ like
- □ love
- □ cook
- □ clean
- □ begin

076

decide

[disáid] ディサイド

決める

decision 名 決心、決断

例文 **I have decided to become a singer when I grow up.**
（私は大きくなったら歌手になると決めた）

構文 I have decided to become a singer (when I grow up).
S = I / V = have decided to become / C = a singer / (when) s = I / v = grow up

本来は「スパッと切る」で、「他の選択肢を切り捨て、するべきことをスパッと決める」イメージを持つといいでしょう。decide to 原形「～すると決める」の形が重要です（これも「これから～すると決める」という未来のイメージですね）。

077

enjoy

[indʒɔ́i] インヂョイ

楽しむ

例文 **I hope you enjoy your trip to Kyoto.**
（あなたが京都への旅行を楽しんでくれればいいなあと思います）

構文 I hope 〈{that} you enjoy your trip to Kyoto〉.
S = I / V = hope / O = 〈{that} you enjoy your trip to Kyoto〉 / s = you / v = enjoy / o = your trip to Kyoto

日本語でも「夏をエンジョイする」のように言いますね。enjoy 名詞「名詞 を楽しむ」だけでなく、enjoy -ing「～することを楽しむ」の形もチェックしておきましょう。

078

practice

[prǽktis] プラクティス

練習する

例文 **Joe practices the piano for an hour every day.**
（ジョーは毎日1時間ピアノを練習している）

構文 Joe practices the piano (for an hour) (every day).
S = Joe / V = practices / O = the piano

高校入試で定番の「部活」の話で欠かせない単語です。enjoyと同じく、practice -ing「～することを練習する」の形をとる点が大事です。例文とほぼ同じ内容を、Joe practices playing the piano for an hour every day. と表せます。

周回Check! 1 ／ 2 ／ 3 ／

079

start

[stá:rt] スタート

始める、始まる

例文 **I started studying English when I was seven.**
（私は 7歳のときに英語を勉強し始めた）

構文 I(S) started(V) 〈studying English〉(O) (when I(s) was(v) seven(c)).

例文のように後ろに -ing（動名詞）を置くことも、to 原形（不定詞）を置くこともできます。直訳は「〜することを始める」ですが、「〜し始める」と訳すとキレイな日本語になることが多いです。

080

stop

[stáp] スタップ

やめる、止まる 名 停留所、駅

stop - stopped - stopped

例文 **We all stopped talking when the teacher entered the classroom.**（先生が教室に入ってきたとき、私たちは皆おしゃべりをやめた）

構文 We(S) all stopped(V) talking(O) (when the teacher(s) entered(v) the classroom(o)).

過去形、過去分詞形は stopped（pを 1つ足して edをつける）です。例文は stop -ing「〜するのをやめる」の形です。stop to 〜 なら「〜するために立ち止まる」→「立ち止まって〜する・ちょっと〜する」となります。

081

finish

[fíniʃ] フィニッシュ

終える

例文 **Brenda finished cleaning the floor.**
（ブレンダは床の掃除を終えた）

構文 Brenda(S) finished(V) 〈cleaning the floor〉(O).

スポーツの実況中継で「1位でフィニッシュ！」と言いますね。finish -ing「〜するのを終える」の形が大事です。stopと同じく「中断・終了」関連の単語は -ingと相性が良いと考えてください。

Review!
- □ want
- □ need
- □ plan
- □ decide
- □ enjoy
- □ practice

082

use

[jú:z] ユーズ

使う

used 形 中古の　useful 形 役に立つ

例文 **I use a calculator to check my math homework.**

（私は数学の宿題を確認するために電卓を使っている）※ calculator「電卓」

構文 I use a calculator (to check my math homework).

S V O

物・道具・場所・方法・能力など、幅広いものに対して使えます。usedは「使われた」→「中古の」という意味で、a used carは「中古車」です。また、形容詞usefulは「使える（use）ことがいっぱい（full）」→「役に立つ」です。

083

know

[nóu] ノウ

知っている

know - knew - known

例文 **Aoi knows Ren. They are in the same class.**

（アオイはレンを知っている。彼らは同じクラスだ）

構文 Aoi knows Ren. They are (in the same class).

S V O S V

know 人 は「人 を（直接）知っている・面識がある」という意味です（亡くなった偉人などに対して使わないように注意）。また、knowは「知っている」という状態を表すため、進行形（×）be knowingにしない点も大切です。

084

sing

[síŋ] スィング

歌う　singer 名 歌手　song 名 歌

sing - sang - sung

例文 **She sings and plays the guitar in a band.**

（彼女はバンドで歌い、ギターを弾いている）

構文 She sings and plays the guitar (in a band).

S V V O

"-er" は「人」を表し、singerで「歌う（sing）人（er）」→「歌手」となります（日本語でも「シンガー」と言いますね）。I like to sing anime songs. なら「私はアニソンを歌うのが好きだ」です（song「歌」は232番）。

(song「歌」は232番)

周回Check!　1 ／　2 ／　3 ／

085

write
[ráit] ライト

書く　writer 名 作家
write - wrote - written

例文 **Please write your name on this paper.**
(この紙にあなたの名前を書いてください)

構文 Please write(V) your name(O) (on this paper).

よく「スピーキングとライティング力を伸ばす」などと言われますが、これはspeaking「話すこと」とwriting「書くこと」です。writeは動詞「書く」で、高校入試ではwrite to 人「人に手紙を書く」という熟語が狙われます。

086

read
[ríːd] リード

読む
read - read - read

例文 **My father often reads the newspaper on the train.**
(私の父はよく電車で新聞を読みます)

構文 My father(S) often reads(V) the newspaper(O) (on the train).

過去形・過去分詞形もつづりは同じです(発音は「レッド」)。Erika read a book about Helen Keller.「エリカはヘレン・ケラーについての本を読んだ」なら、主語がErikaなのに3単現のsがないのでreadは「過去形」だとわかります。

087

meet
[míːt] ミート

会う
meet - met - met

例文 **I am going to meet my friends after school.**
(私は放課後、友達に会う予定です)

構文 I(S) am going to meet(V) my friends(O) (after school).

「会議」のことをミーティング(meeting)と言いますね。「初めて会う」ときはmeetを使う傾向があり、これはNice to meet you.「はじめまして」で有名です。「2回目以降に会う」場合はNice to see you again. などと言います。

Review!
- □ start
- □ stop
- □ finish
- □ use
- □ know
- □ sing

088

wash

[wάʃ] ワッシュ

洗う

例文 **It's my job to wash the dishes after dinner.**
(夕食後に皿を洗うのは私の仕事です)

構文 It's my job 〈to wash the dishes (after dinner)〉.
仮S V C 真S

日本語でも「ボディウォッシュ」などで使われています。トイレの「ウォシュレット」は washと toiletを掛け合わせた造語です。例文の wash the dishes「皿を洗う・皿洗いをする」は日常生活でよく使う表現です（dishは 302番）。

089

eat

[íːt] イート

食べる
eat - ate - eaten

例文 **Many Japanese people eat *somen* noodles in the summer.**（多くの日本人は夏にそうめんを食べます）

構文 Many Japanese people eat *somen* noodles (in the summer).
S V O

日本でも浸透している Uber Eatsは「食べ物・料理の配達サービス」です。eatは食べ物を食べる場合に加えて、「スープを飲む」場合にも使えます。かつてスープは肉が多かったので、drinkではなく eat「食べる」を使ったという説もあります。

090

drink

[dríŋk] ドリンク

飲む 名 飲み物
drink - drank - drunk

例文 **People often drink tea in England.**
(イギリスでは、よく紅茶を飲みます)

構文 People often drink tea (in England).
S V O

ファミレスなどの「ドリンクバー」でおなじみですね。drinkは「(コップに口をつけて) 飲む」で、「(スプーンを使ってスープを) 飲む」には eatを、「(薬を) 飲む」には takeを使います（takeは 536番）。

周回Check! 1 ／ 2 ／ 3 ／

091

break

[bréik] ブレイク

壊す　名 休憩

break – broke – broken

例文 **Haruto's phone must be broken.**
(ハルトの携帯は壊れているに違いない)

構文 Haruto's phone (S) must be broken (V).

過去分詞形の brokenが入試頻出で、受動態は be broken「壊される・壊れている」です。「作業の流れを壊す」→「休憩」の意味もあり、Let's have a five-minute break.「5分休憩をとりましょう」のように使います。

092

paint

[péint] ペイント

(絵を) かく、ペンキを塗る

painting 名 絵　painter 名 画家

例文 **We painted the walls blue and the ceiling white.**
(私たちは壁を青、天井を白色に塗った) ※ ceiling「天井」

構文 We (S) painted (V) the walls (O) blue (C) and the ceiling (O) white (C).

サッカーの応援で顔をカラフルに塗ることを「フェイスペイント」と言います。「色を使って描く」ときに使われる単語です。例文は paint 物 色「物 を 色 に塗る」という少し難しい形です。

093

draw

[drɔ́ː] ドゥロー

(絵・図を) かく　drawer 名 引き出し

draw – drew – drawn

例文 **We are drawing pictures of our families in art class this week.** (私たちは今週、美術の授業で家族の絵をかくことになっています)

構文 We (S) are drawing (V) 〈pictures [of our families]〉 (O) (in art class) (this week).

本来「引く」で、スポーツの「引き分け」を「ドロー」と言ったり、カードゲームで draw four「4枚引く」と使われていますね。「線を引く」→「(絵・図を) かく・描く」となりました。

Review!
- □ write
- □ read
- □ meet
- □ wash
- □ eat
- □ drink

094

rain

[réin] レイン

雨が降る 名 雨
rainy 形 雨の

例文 **It started to rain, so we stopped playing tennis and went inside.**（雨が降り始めたので、私たちはテニスをするのをやめて、屋内に入った）

構文 It(S) started(V) to rain(O), so we(S) stopped(V) 〈playing tennis〉(O) and went(V) (inside).

「レインブーツ」は雨の日に履く長靴、「レインコート」は雨の日に着る服ですね。rainは「動詞・名詞」、rainyは「形容詞」という品詞をしっかり意識してください。例：It is rainy.「雨が降っています」

095

snow

[snóu] スノウ

雪が降る 名 雪
snowy 形 雪の

例文 **It snows a lot in Nagano and Niigata in the winter.**
（長野や新潟では冬にたくさん雪が降る）

構文 It(S) snows(V) (a lot) (in Nagano and Niigata) (in the winter).

「スノーボード（snow board）」は「雪の上をすべるための板」ですね。名詞のイメージが強いかもしれませんが、例文のように動詞「雪が降る」としても使えます（天気を表す場合、例文のように主語にItを使うことが多いです）。

096

laugh

[læf] ラフ

笑う

例文 **They always laugh at my jokes.**
（彼らは私の冗談にいつも笑ってくれます）

構文 They(S) always laugh at(V) my jokes(O).

漫画『ONE PIECE』に出てくる最終地点の「ラフテル」は、Laugh Tale「笑う話」のことだと話題になりました。laugh at ～「～を笑う」の形でよく使います。

周回Check! 1 ／ 2 ／ 3 ／

097

smile
[smáil] スマイル

ほほえむ

例文 **When the baby cries, Nancy always smiles at him, and he stops crying.**（赤ちゃんが泣くと、ナンシーはいつもその子に向かってほほえみ、すると赤ちゃんは泣きやみます）

構文 (When the baby cries), Nancy always smiles at him, and he stops crying.
s v S V O S V O

laughは「声を出して笑う」、smileは「ニッコリほほえむ」というニュアンスです。笑い・ほほえみを「一点に向ける」イメージから atをよく使います（562番）。

098

drive
[dráiv] ドゥライヴ

運転する
driver 名 運転手
drive - drove - driven

例文 **My father can drive a bus.**
（私の父はバスを運転することができます）

構文 My father can drive a bus.
S V O

「ドライブする」と日本語にもなっています。drive to ～「～に車で行く」という使い方も便利です。日本人は go to ～ by car「～に車で行く」を使いがちですが、普段は drive to ～ を使ったほうが自然に聞こえることが多いです。

099

ride
[ráid] ライド

乗る
ride - rode - ridden

例文 **Akari walks to school, but I ride my bicycle.**
（アカリは学校へ歩いていきますが、私は自転車に乗ります）

構文 Akari walks (to school), but I ride my bicycle.
S V S V O

「またがって乗る」イメージで、馬やバイクによく使います。「仮面ライダー（rider）」もバイクに乗っていますね。難関校では、I rode a horse for the first time yesterday.「私は昨日初めて馬に乗った」で rodeが空所で問われました。

Review!
- □ break
- □ paint
- □ draw
- □ rain
- □ snow
- □ laugh

100
cut
[kʌ́t] カット

切る
cut - cut - cut

例文 **First, cut the vegetables with a knife.**
（最初に、ナイフで野菜を切ってください）

構文 First, cut(V) the vegetables(O) (with a knife).

「ヘアカット（髪を切ること）」や「カット野菜（切られた野菜）」で使われています。He cut the pie into eight pieces.「彼はパイを8等分にした」では、主語が He なのに 3単現の sがないので cutは「過去形」だと判断できます。

101
point
[pɔ́int] ポイント

指さす、指摘する
名 ポイント、意見

例文 **Ms. Yoshida pointed at the graph and explained the trends.**（ヨシダさんはグラフを指さして、そのトレンド（動向）について説明した）

構文 Ms. Yoshida(S) pointed at(V) the graph(O) and explained(V) the trends(O).

パソコンのマウスの矢印を「ポインタ」と言いますが、英語 pointも同じようなイメージです。point at ～ で「～という一点をめがけて（at）指さす（point）」→「～を指さす」となります。point out「指摘する」という熟語も大切です。

102
open
[óupən] オウプン

開ける　形 開いている

例文 **Could you open the door for me please?**
（ドアを開けていただけますか？）

構文 Could you(S) open(V) the door(O) (for me) please?

openは動詞の他に「形容詞」も大事で、The door is open.「そのドアは開いている」のように使います。店の入り口に書かれている OPENは「開いている」→「営業中」ということです（これも形容詞です）。

周回Check!　1 ／　2 ／　3 ／

103
close
動 [klóuz] クロウズ 形 [klóus] クロウス

閉める、閉まる 形 近い、親密な

例文 **Please close the door. It's cold outside.**
(ドアを閉めてください。外は寒いです)

構文 Please close(V) the door(O). It(S)'s(V) cold(C) (outside).

動詞は「クロウズ」、形容詞は「クロウス」と発音します。a close friend of mine は「私の親しい友人・私の親友」です。リスニングでは be close to ～「～に近い」という位置関係を表す表現もよくポイントになります。

104
end
[énd] エンド

終わる 名 終わり、端

例文 **Lunch break ends at one-thirty.**
(昼休みは1時半に終わります)

構文 Lunch break(S) ends(V) (at one-thirty).

日本語でも「ハッピーエンド」「映画のエンディング(ending)」と言いますね。例文は動詞ですが、名詞で by the end of the year「年末までに」や come to a bad end「悪い最後にくる」→「残念な結果に終わる」もよく使います。

105
ring
[ríŋ] リング

(ベルや電話などが) 鳴る
ring - rang - rung 名 指輪、電話をかけること

例文 **The phone is ringing. Could you please answer it?**
(電話が鳴っています。出ていただけますか?)

構文 The phone(S) is ringing(V). Could you(S) please answer(V) it(O)?

発音は「リン(グ)」という感じで、最後の「グ」は鼻にかかります。昔、ベルや電話は「リン、リン(ring)」と聞こえたわけです。動詞「鳴る」と名詞「指輪」の語源は別ですが、結果として同じつづりの単語になりました。

Review!
☐ smile ☐ ride ☐ point
☐ drive ☐ cut ☐ open

106

throw

[θróu] スロウ

投げる

throw - threw - thrown

例文 **How far can you throw this basketball?**
(このバスケットボール、どこまで遠くに投げられる?)

構文 How far can you throw this basketball?
(you = S, throw = V, this basketball = O)

バスケやサッカーで「ボールを投げ入れる」ことを「スローイン(throw-in)」と言います。throw awayは直訳「遠くに投げる」→「捨てる」という重要熟語です(高校入試で「ゴミ問題」の話は頻出)。

107

touch

[tʌ́tʃ] タッチ

触れる

例文 **Touch the start button on the screen.**
(画面のスタートボタンに触れてください)

構文 Touch 〈the start button [on the screen]〉.
(Touch = V, the start button [on the screen] = O)

つづりはtouchとouが入っているので注意してください。難関私立の長文では「心の琴線に触れる」→「感動させる」という意味でも出ます。be touched by a sad story「悲しい話に感動する」です。

108

push

[púʃ] プッシュ

押す

例文 **Push this button to turn on the machine.**
(その機械を起動するためにこのボタンを押しなさい)

構文 Push this button (to turn on the machine).
(Push = V, this button = O)

日本語でも「プッシュする」と言いますし、ボタンやドアなどに"push"と書いてあります(反対はpull「引っ張る」)。例文のturn onも重要熟語で、直訳「スイッチを回して(turn)電源をオンにする(on)」→「(電源を)つける」です。

周回Check! 1 / 2 / 3 /

109

cover

[kʌ́vər] カヴァ

覆う

例文 **The road is covered with fallen leaves.**
(その道路は落ち葉で覆われている)

構文 The road (S) is covered (V) with fallen leaves (O).

「スマホのカバー」は「スマホを覆うもの」ですね。入試では、be covered with ～「～で覆われている」という熟語がよく狙われます。このwithは「道具」を表す用法です（568番）。

110

carry

[kǽri] キャリィ

運ぶ

例文 **This bag is very heavy. Could you carry it for me?**
(このバッグはとても重いです。運んでいただけますか?)

構文 This bag (S) is (V) very heavy (C). Could you (S) carry (V) it (O) (for me)?

「車（car）」と関連した語源を持つので、「車で運ぶ」と覚えてしまいましょう（実際には車とは限りませんが）。もしくは「キャリーバッグ」＝「荷物を運ぶための車輪がついたバッグ」から覚えるのもアリです（これ自体は和製英語ですが）。

111

put

[pút] プット

置く

put – put – put

例文 **Please put the meat and the milk in the refrigerator right away.**（肉と牛乳をすぐに冷蔵庫に入れてください）※ right away「すぐに」

構文 Please put (V) 〈the meat and the milk〉 (O) (in the refrigerator) (right away).

過去形も過去分詞形も同じ形、同じ発音です。put on ～「～を体に接触するように（on）置く（put）」→「～を身につける・着る」という熟語もチェックしておきましょう（566番）。

Review!

□ close	□ ring	□ touch
□ end	□ throw	□ push

112

visit

[vízit] ヴィズィット

訪れる　名 訪問
visitor 名 訪問者、観光客

例文 **We are going to visit my grandmother's house during *Obon*.**（私たちはお盆に祖母の家を訪ねる予定です）

構文 We(S) are going to visit(V) my grandmother's house(O) (during *Obon*).

goは go to Kyoto「京都に行く」と使いますが、(×) visit to Kyotoは NGです。(○) visit Kyoto「京都を訪れる」のように直後に名詞を置きます。英作文でミスが多いので、visit 場所「場所 を訪れる」の形をしっかりおさえてください。

113

catch

[kætʃ] キャッチ

つかまえる
catch – caught – caught

例文 **I caught a big fish in the river and released it.**
（私は川で大きな魚を捕まえて、それを放した）

構文 I(S) caught(V) a big fish(O) (in the river) and released(V) it(O).

日本語で「ボールをキャッチする」と言いますし、釣った魚をまた放すことを「キャッチアンドリリース」と言います。caughtの発音は注意が必要で、「カウト」ではなく「コート」のような感じです。

114

sell

[sél] セル

売る
sell – sold – sold

例文 **They sell many kinds of T-shirts at the store.**
（その店では多くの種類の Tシャツが売られている）

構文 They(S) sell(V) 〈many kinds of T-shirts(O)〉 (at the store).

日本でもよく見かける “sold out”（ソールドアウト）は「売り切れ」という意味です（soldの発音は「ソウルド」）。例文の文頭 Theyは「店員」を指し、「店員は～を売っている」→「その店では～が売られている」ということです。

周回Check!　1 ／　2 ／　3 ／

115

remember
[rimémbər] リメンバァ

思い出す、覚えている

例文 **Please remember to buy bread on your way home.**
(家へ帰る途中でパンを買うのを忘れないでください)
※ on one's way home「家に帰る途中に・帰りに」

構文 Please remember to buy (V) bread (O) (on your way home).

本来「再び(re)心に留めておく(member : memory「記憶」)」です。remember to 原形「これから～するのを覚えている・忘れずに～する」、remenber -ing「～したのを覚えている」を区別しましょう。

116

forget
[fərgét] フォゲット

忘れる
forget - forgot - forgot [forgotten]

例文 **Don't forget to bring your lunch box with you.**
(忘れずにお弁当を持っていってね)

構文 Don't forget to bring (V) your lunch box (O) (with you).

例文は Don't forget to 原形「(これから)～するのを忘れないで」→「忘れずに～しなさい」です(リスニングでよく狙われます)。forget -ingは「～したのを忘れる」です。

117

hope
[hóup] ホウプ

望む、願う
hopeful 形 希望に満ちた

例文 **I hope it doesn't rain. I've forgotten my umbrella today.**
(雨が降らないでほしいなぁ。今日は傘を忘れてしまったんだ)

構文 I (S) hope (V) 〈{that} it (s) doesn't rain (v)〉(O). I (S) 've forgotten (V) my umbrella (O) today.

日本語で「期待のホープ」と言えば、「将来の活躍を望まれている人」のことです(英語の発音は「ホウプ」)。hope to 原形「～することを望む」や、hope {that} sv「svすることを望む・svだといいなぁ」の形でよく使います。

Review!
- □ cover
- □ carry
- □ put
- □ visit
- □ catch
- □ sell

118

wish

[wíʃ] ウィッシュ

望む、願う

例文 **I wish I could have a cat.**

（ネコを飼えたらいいのになぁ）※仮定法と呼ばれる形

構文 I wish I could have a cat.
S V s v o

日本でもよく聞く "We wish you a Merry Christmas." は、「私たちはあなたに素敵なクリスマスが訪れることを願っている」という意味です。I wish s 過去形「sが今〜ならなぁ」やI wish s could 〜「sが〜できたらなぁ」の形が重要です。

119

join

[dʒɔ́in] ヂョイン

参加する

例文 **I want to join my school's volleyball team.**

（私は学校のバレーボールチームに入りたいです）

構文 I want to join 〈my school's volleyball team〉.
S V O

ビジネスでは「新たな組織やチームに参加する」ことを「ジョインする」と言う人もいます。気軽に「加わる・一緒に〜する」という感覚でも使える便利な単語です。例：Could you join us for lunch?「ランチを一緒にどう？」

120

wear

[wéər] ウェア

身につけている、着ている

wear – wore – worn

例文 **Honoka is wearing a pink dress and a blue scarf.**

（ホノカはピンクのドレスを着て青いスカーフをしている）

構文 Honoka is wearing 〈a pink dress and a blue scarf〉.
S V O

日本語では「トレーニングウェア」のように名詞のイメージですが、英語 wearは動詞が大切です。wear a hat「帽子をかぶっている」／ wear glasses「眼鏡をかけている」／ wear a mask「マスクをしている」などと幅広く使えます。

周回Check! 1 ／ 2 ／ 3 ／

121

win

[wín] ウィン

勝つ　winner 名 勝者

win - won - won

例文 **Mio won the first prize in the school speech contest.**
（ミオは学校のスピーチコンテストで優勝した）

構文 Mio(S) won(V) the first prize(O) (in the school speech contest).

「勝つ」と教わりますが、get「得る」と同じ感覚でおさえておきましょう。win the first prizeも「1等賞を勝ち取る・優勝する」と理解できますね。過去・過去分詞形のwonは「ワン」という発音で、リスニングでoneと勘違いしないようにご注意を。

122

worry

[wə́ːri] ワーリィ

心配させる、心配する

例文 **I'm worried about the typhoon that is coming tomorrow.**
（僕は明日に来る台風が心配だよ）

構文 I(S)'m worried about(V) 〈the typhoon [that is coming tomorrow]〉(O).

Don't worry.「心配するな」は有名です。worry about ～「～について心配する」でも、be worried about ～「～について心配する」の形でも使えます。be worried は「心配させられている」→「心配している」ということです。

123

welcome

[wélkəm] ウェルカム

歓迎する　形 歓迎される

例文 **His family welcomed me to their house.**
（彼の家族は喜んで私を家に迎えてくれた）

構文 His family(S) welcomed(V) me(O) (to their house).

You're welcome.「どういたしまして」という決まり文句が有名ですが、これは元々「あなたは歓迎されている」という意味だったんです（このwelcomeは形容詞）。Welcome to ○○「○○へようこそ」もチェックを。

Review!
- □ remember
- □ forget
- □ hope
- □ wish
- □ join
- □ wear

124

invite

[inváit] インヴァイト

招待する
invitation 名 招待

例文 **Jack invited us to his Halloween party.**
（ジャックは私たちをハロウィーンパーティに招待してくれた）

構文 Jack(S) invited(V) us(O) (to his Halloween party).

「インビテーションカード（invitation card）」とは「招待状」のことです。その動詞が invite で、invite 人 to ～「人 を～に招待する」の形が重要です。

125

thank

[θǽŋk] サンク

感謝する

例文 **I thanked my uncle for taking us to the movies.**
（私たちを映画に連れていってくれたので、私はおじに感謝しました）

構文 I(S) thanked(V) my uncle(O) (for taking us to the movies).

Thank you.「ありがとう」は、本来「私はあなたに感謝します（I thank you.）」です。thank 人 for ～「～で 人 に感謝する」の形でよく使います。for ～ で「（感謝の）理由」を示すわけです。

126

hurry

[hə́:ri] ハリィ

急ぐ

例文 **Hurry up! The concert is going to begin soon.**
（急いで！　コンサートがもうすぐ始まるよ）

構文 Hurry up!(V) The concert(S) is going to begin(V) soon.

Hurry up!「急いで！」は会話でこのままよく使う表現です。hurry to ～「～へ急ぐ」も大切で、I hurried to the hospital.「私は急いで病院へ行った」のように使います。toは「方向・到達」を表す前置詞です（567番）。

周回Check!　1 ／　2 ／　3 ／

127

wake
[wéik] ウェイク

目を覚ます、目を覚まさせる
wake - woke - woken

例文 **What time do you wake up every day? – I always wake up at 6:30 a.m.**
(毎日何時に目が覚めるの? — いつも午前6時30分に目が覚めてるよ)

構文 What time do you(S) wake up(V) (every day)? – I(S) always wake up(V) (at 6:30 a.m).

get upは「起きあがる（そして活動する)」、wake upは「目が覚める」イメージです。ちなみに、ホテルで使う「モーニングコール」は和製英語で、正しくは wake-up callです。「目を覚まさせる電話」ということですね。

128

answer
[ǽnsər] アンサァ

答える　名 答え

例文 **I answered the teacher's question in class.**
(私は授業で先生の質問に答えた)

構文 I(S) answered(V) the teacher's question(O) (in class).

「質疑応答」のことをQ & Aと言いますが、これは "question and answer" の略です。例文の answer one's question「〜の質問に答える」はよく使います。また、「電話に出る」は answer the phoneです（直訳は「電話に答える・応答する」)。

129

cry
[krái] クライ

泣く、叫ぶ

例文 **Yuna cried when she heard the sad story.**
(ユナはその悲しい話を聞いて泣いた)

構文 Yuna(S) cried(V) ([when] she(s) heard(v) the sad story(o)).

本来「叫ぶ」という意味が中心で、そこから「声をあげて泣く・涙を流して泣く」という意味になりました。まとめて「泣き叫ぶ」と覚えてもいいでしょう。

Review!
- □ win
- □ worry
- □ welcome
- □ invite
- □ thank
- □ hurry

130

build

[bíld] ビルド

建てる　building 名 建物
build - built - built

例文 **Workers are building a new house next to mine.**
（作業員たちは私の家の隣に新しい家を建てている）

構文 Workers(S) are building(V) a new house(O) (next to mine).

日本語の「ビル」は building「建物」のことです。その動詞が buildで、「コツコツ積み上げていく」イメージを持つといいでしょう。「ボディビルダー（body-builder)」は「毎日コツコツ筋肉を積み上げていく人」ですね。

131

borrow

[bɔ́rou] ボロウ

借りる

例文 **I often borrow books from the library.**
（私はよく図書館から本を借りている）

構文 I(S) often borrow(V) books(O) (from the library).

borrowは「移動が伴う物を無料で借りる」ときに使います。「トイレを借りる」場合は移動が伴わないので、borrowではなく useを使います。

132

grow

[gróu] グロウ

育てる　growth 名 成長
grow - grew - grown

例文 **My mother grows tomatoes in our garden.**
（私の母は庭でトマトを育てています）

構文 My mother(S) grows(V) tomatoes(O) (in our garden).

例文は grow 物「物 を育てる」の形です。grow up「成長する」という熟語も大切で、Children grow up fast.「子どもは早く成長する（子どもの成長は早い)」のように使います。

周回Check!　1 ／　2 ／　3 ／

133

believe

[bilíːv] ビリーヴ

信じている
belief 名 信念

例文 **Don't believe everything he says. He sometimes lies.**
（彼が言うことすべてを信じてはいけない。彼は時々嘘をつくからね）

構文 Don't believe〈everything [{that} he says]〉. He sometimes lies.
(believe = V, everything ... says = O, He = S, lies = V)

合唱の定番曲『ビリーブ』は「自分・未来を信じて」といった内容です。例文の not ～ everythingは「全部が全部～というわけではない・すべてが～というわけではない」という意味です。

134

introduce

[ìntrədjúːs] イントロデュース

紹介する、導入する
introduction 名 紹介、導入

例文 **Lucy, I'd like to introduce you to my classmate, Yui.**
（ルーシー、私はあなたをクラスメートのユイに紹介したいと思うの）

構文 Lucy, I'd like to introduce you (to my classmate, Yui).
(I = S, 'd like to introduce = V, you = O)

「曲のイントロ」とは「曲の中に導くもの・導入部分」のことで、introduceのintroも同じ感覚です。例文のように introduce A to B「AをBに紹介する」の形でよく使います。「物を紹介する」→「導入する」の意味もおさえておきましょう。

135

lose

[lúːz] ルーズ

失う　loss 名 損失
lose - lost - lost

例文 **I lost my keys and now I can't open my apartment door.**
（私は鍵をなくしてしまい、今アパートのドアが開けられないんだ）

構文 I lost my keys and now I can't open my apartment door.
(I = S, lost = V, my keys = O, and, I = S, can't open = V, my apartment door = O)

名詞 lossは「フードロス」や「○○ロス（大切なものを失った状態）」と使いますが、その動詞が loseです。過去分詞（形容詞）の lost「紛失した・行方不明の」も大切で、道案内で I think I'm lost.「道に迷ったかも」とよく使われます。

Review!
☐ wake ☐ cry ☐ borrow
☐ answer ☐ build ☐ grow

136
repeat
[ripíːt] リピート

繰り返す

例文 **I didn't hear what you said. Could you please repeat that?** (何と言ったのか聞こえませんでした。もう一度言ってもらえますか?)

構文 I didn't hear 〈what you said〉. Could you please repeat that?
(I = S, didn't hear = V, what you said = O, you = S, repeat = V, that = O)

英語の授業で先生が、Repeat after me.「私の後に続いて繰り返し言ってください」と言いますね。また、「リピーター」とは「繰り返し店にくる客」のことです。

137
camp
[kǽmp] キャンプ

キャンプをする

例文 **I go camping with my family every summer.**
(私は毎年夏に家族とキャンプに行きます)

構文 I go camping (with my family) (every summer).
(I = S, go camping = V)

日本語の「キャンプ」は名詞ですが、英語のcampは「キャンプをする」という動詞でもよく使います。go camping「キャンプに行く」は大事な表現です。間にtoを入れて、(×) go to campingとしないように注意してください。

138
hike
[háik] ハイク

ハイキングをする

例文 **We are going to go hiking next Sunday.**
(私たちは今度の日曜日にハイキングに行く予定です)

構文 We are going to go hiking (next Sunday).
(We = S, are going to go hiking = V)

go hiking「ハイキングに行く」という形でよく出ます。hikeの eをとって -ingにすればOKです。他に、go swimming「泳ぎに行く」/ go fishing「釣りに行く」/ go skiing「スキーをしに行く」/ go shopping「買い物に行く」も大事です。

周回Check! 1 / 2 / 3 /

139

climb

[kláim] クライム

登る

climber 名 登山家　climbing 名 登山

例文 **Riku and Sana are planning to climb Mt. Fuji this summer.**（リクとサナはこの夏、富士山に登る計画を立てている）

構文 〈Riku and Sana〉(S) are planning to climb(V) Mt. Fuji(O) (this summer).

「ロック・クライミング（rock-climbing）」は「岩壁を登る」ことです。climbのbは読まず「クライム」と発音する点に注意しましょう（bomb「爆弾」を「ボム」と発音するのと同じです）。

140

collect

[kəlékt] コレクト

集める

collection 名 収集、コレクション

例文 **We are looking for volunteers to help us collect empty cans and trash in the park.**（私たちは、公園で空き缶やゴミを集めるのを手伝ってくれるボランティアを探しています）

構文 We(S) are looking for(V) 〈volunteers [to help us collect empty cans and trash in the park]〉(O).

名詞collection「コレクション（物を集めること）」は日本語になっていますね。collect old coins「古いコインを集める」のようにも使えます。

141

happen

[hǽpən] ハプン

起こる

happening 名 出来事、ハプニング

例文 **The traffic accident happened on the road in front of my house.**（その交通事故は私の家の前の道で起こった）

構文 The traffic accident(S) happened(V) (on the road [in front of my house]).

日本語でも「ハプニング（何かが急に起こること）」と言いますね。例文のように単独で使うだけでなく、happen to 原形「たまたま～する」という形でも使えます。

Review!
- ☐ believe
- ☐ introduce
- ☐ lose
- ☐ repeat
- ☐ camp
- ☐ hike

142
miss
[mís] ミス

〜しそこなう
〜がいなくてさびしく思う

例文 **I got to school late because I missed the bus.**
（私はバスに乗り遅れたので、学校に遅刻しました）

構文 I got (to school) (late) (because I missed the bus).
S V S V O

本来「それる・欠ける」イメージです。「的からそれて失敗する」→「〜しそこなう」、「人がぽっかり欠けてさびしい」→「〜がいなくてさびしく思う」となります。miss the busは「バスに乗り遅れる」です。

143
hold
[hóuld] ホウルド

握る、開催する
hold - held - held

例文 **The teachers are holding a meeting after school.**
（先生方は放課後に会議を開く予定だ）

構文 The teachers are holding a meeting (after school).
S V O

本来「抱きかかえる」イメージで、「会議やパーティーを抱きかかえる」→「開催する」となりました。受動態のbe held「開催される」もよく使われます。take place「場所をとる」→「行う・開催する」とセットでおさえておきましょう。

144
spend
[spénd] スペンド

費やす、過ごす
spend - spent - spent

例文 **Hinata spent too much time playing video games.**
（ヒナタは長時間ゲームで遊びすぎた）

構文 Hinata spent too much time (playing video games).
S V O

spend 時間 -ing「〜するのに 時間 を使う」の形が大切で、例文の直訳は「ヒナタはゲームで遊ぶのにあまりに多くの時間を使った」です。spend お金 on 〜「お金 を〜に使う」の形もチェックしておきましょう。

周回Check! 1 ／ 2 ／ 3 ／

145

kill

[kíl] キル

殺す

例文 **My grandfather was killed in World War II.**
（私の祖父は第2次世界大戦で亡くなりました）

構文 My grandfather (S) was killed (V) (in World War II).

ゲームでは「敵を倒すこと」を「キル」とよく言っています。受動態 be killed in ～ で、直訳「～において殺される」→「～で亡くなる」です。日常会話では kill time「時間を殺す」→「時間をつぶす」も便利な表現です。

146

agree

[əgríː] アグリー

同意する

agreement 名 同意、契約

例文 **I agree with your opinion.**
（私はあなたの意見に賛成です）

構文 I (S) agree with (V) your opinion (O).

agree with ～「～に同意する」の形が重要です。withは「付帯（～と一緒に）」を表し、「あなたの意見と一緒の気持ち・同感」といった感じです。英作文でもとても大切な表現ですよ。

147

save

[séiv] セイヴ

救う、蓄える

例文 **The firefighters saved the boy from the burning building.**
（その消防士たちは、燃えている建物からその少年を救い出した）

構文 The firefighters (S) saved (V) the boy (O) (from the burning building).

「（パソコン・ゲームで）データをセーブする」とは「（情報を救い出し）蓄える・保存する」ということです。また、「ライフセイバー」は「溺れた人などの命を助ける人」ですね。例文の save 人 from ～「人 を～から救う」は大事な形です。

Review!
- □ climb
- □ collect
- □ happen
- □ miss
- □ hold
- □ spend

148
wonder
[wʌ́ndər] ワンダァ

不思議に思う

例文 **I wonder why I have to learn so many *kanji*.**
（なんでそんなにたくさんの漢字を学ばなきゃいけないんだろう）

構文 I(S) wonder(V) 〈why I(s) have to learn(v) so many *kanji*(o)〉(O).

「ワンダーランド」は「不思議の国」という意味で、動詞 wonderは「不思議に思う」です。「～かしらと思う」と習うことが多いのですが、女性の言葉とは限らないので「～かと不思議に思う・～かなぁ」と覚えてください。

149
surprise
[sərpráiz] サプライズ

驚かせる
surprising 形 驚くべき
surprised 形 驚いた

例文 **The car accident on the street surprised us.**（私たちは通りでの車の事故に驚いた） ※直訳「その通りでの車の事故が私たちを驚かせた」

構文 〈The car accident [on the street]〉(S) surprised(V) us(O).

「驚く」ではなく「（人を）驚かせる」という意味です。「サプライズパーティー」は「人を驚かせるパーティー」ですね。英語の「感情」を表す動詞は、基本的に「～させる」という意味になるんです。

150
excite
[iksáit] イクサイト

ワクワクさせる
exciting 形 ワクワクさせる
excited 形 ワクワクした

例文 **The tennis match excited many people around the world.**
（そのテニスの試合は世界中の多くの人々をワクワクさせた）

構文 The tennis match(S) excited(V) 〈many people [around the world]〉(O).

「興奮させる」と習いがちですが、「ワクワクさせる・テンション上げる」というイメージを持つといいでしょう。excitingは「ワクワクさせるような」、excitedは「ワクワクさせられる」→「ワクワクした」です。

周回Check! 1 ／ 2 ／ 3 ／

151

explain

[iksplέin] イクスプレイン

説明する

例文 **Himari explained to me how to make an omelet. It's easy.**
(ヒマリは私にオムレツの作り方を説明してくれました。簡単です)

構文 Himari(S) explained(V) (to me) 〈how to make an omelet(O)〉. It(S)'s(V) easy(C).

(×) explain 人 ではなく、(○) explain to 人 that ～「人 に～と説明する」の形が基本とおさえてください(今回は that ～ の代わりに how to ～がきています)。

152

fail

[féil] フェイル

失敗する、～しそこなう

failure 名 失敗

例文 **I failed to call her and she got angry.**
(私は彼女に電話しそこなったので、彼女は怒ってしまった)

構文 I(S) failed to call(V) her(O) and she(S) got(V) angry(C).

「失敗する」という訳語が有名ですが、例文のように fail to 原形「～しそこなう」という形が重要です。学校の話題では、fail the test「テストで失敗する」→「落第する・赤点を取る」のようにも使えます。

153

mean

[mí:n] ミーン

意味する

meaning 名 意味

mean – meant – meant

例文 **When she doesn't talk to you, it means she's angry.**
(彼女があなたに話しかけないときは、怒っているということだよ)

構文 (When she(s) doesn't talk(v) to you(o)), it(S) means(V) 〈{that}(O) she(s)'s(v) angry(c)〉.

無理に「意味する」と訳す必要はなく、「イコール」と考えるとスッキリ理解できることが多いです。例文は「彼女があなたに話しかけないこと」=「怒っている」という関係ですね。応用として mean to 原形「～するつもりだ」の形もあります。

Review!
- □ kill
- □ agree
- □ save
- □ wonder
- □ surprise
- □ excite

154
act
[ǽkt] アクト

行う
action 名 行動
active 形 活発な
activity 名 活動

例文 **If you want to succeed, you have to act. Just thinking is not enough.**（もし成功したいなら、行動しなければならない。考えるだけではは十分ではないのだ）

構文 (If you want to succeed), you have to act. 〈Just thinking〉 is not enough.
(s: you / v: want to succeed / S: you / V: have to act / S: Just thinking / V: is not / C: enough)

「アクション映画（action movie）」とは、戦うシーンなど「動き」を中心とした映画のことです。actionの動詞形がact「行動する・演じる」です。また、actorは「演じる（act）人（or）」→「役者・俳優」です。

155
pick
[pík] ピック

つまむ

例文 **We picked flowers from the field near our house.**
（私たちは家の近くの野原から花をつんできました）

構文 We picked flowers (from the field [near our house]).
(S: We / V: picked / O: flowers)

「（ギターの）ピック」は「弦をつまむもの」です。熟語 pick upも重要で、「つまんで（pick）上げる（up）」→「（物を）拾う」、「人を車で拾う」→「人を車に乗せる」となります。

156
enter
[éntər] エンタァ

入る
entrance 名 入り口

例文 **Our car entered the tunnel and it got dark.**
（私たちの車はトンネルに入り、暗くなった）

構文 Our car entered the tunnel and it got dark.
(S: Our car / V: entered / O: the tunnel / S: it / V: got / C: dark)

パソコンの「エンター」は「入力」するときに使いますね。enter 場所「場所に入る」の形が大切です。たとえば「部屋に入る」は（×）enter to the roomではなく、（○）enter the roomとなります。

周回Check! 1 ／ 2 ／ 3 ／

157

reach

[ríːtʃ] リーチ

着く、届く

例文 **It takes 1.3 seconds for light to reach the earth from the moon.**（光が月から地球に届くのに1.3秒かかる）

構文 It takes 1.3 seconds (for light) 〈to reach the earth (from the moon)〉.
仮S V O 真S

ボクシングで「リーチ」と言えば「手の長さ」ですが、「手を伸ばす」→「届く・到達する」となりました。arrive at[in] ～ ≒ get to ～ ≒ reach ～「～に到着する」をセットで覚えておきましょう（reachだけ直後に名詞がきます）。

158

understand

[ʌ̀ndərstǽnd] アンダァスタンド

理解する
understand - understood - understood

例文 **Rika told me how to do the math problem, and now I understand it.**（リカがその数学の問題の解き方を教えてくれたので、私はもう理解している）※ do a problem「問題を解く」

構文 Rika told me 〈how to do the math problem〉, and (now) I understand it.
S V O_1 O_2 S V O

「下に（under）立つ（stand）」から、物事の下に立って、しっかり根本から理解するイメージを持ってください。カジュアルな会話なら、get「説明の内容をゲットする」→「わかる」もよく使います（543番）。

159

solve

[sálv] サルヴ

解く
solution 名 解決策

例文 **I didn't understand how to do the math problem, but thanks to Rika, I was able to solve it.**（その数学の問題の解き方がわからなかったけど、リカのおかげで解けたよ）

構文 I didn't understand 〈how to do the math problem〉, but
S V O
(thanks to Rika), I was able to solve it.
S V O

solve a problem「問題を解く」はとてもよく使います（代わりにanswerは使えません）。高校入試では「問題を解決しようと頑張る」話が定番なだけに大切です。

Review!
- □ explain
- □ fail
- □ mean
- □ act
- □ pick
- □ enter

160

communicate

[kəmjúːnəkèit] コミューニケイト

コミュニケーションをとる

communication 名 コミュニケーション

例文 **We can use e-mail to communicate with people all over the world.**（私たちはEメールを使って、世界中の人々とコミュニケーションをとることができる）

構文 We(S) can use(V) e-mail(O) (to communicate with 〈people [all over the world]〉).

「意思疎通する」と習うことが多いのですが、普通に「伝える・連絡する・コミュニケーションをとる」でOKです。communicate with ～「～とコミュニケーションをとる」の形でおさえておきましょう。

161

recycle

[rìːsáikl] リサイクル

再生利用する

例文 **Don't throw those cans and bottles away. We can recycle them.**（そのカンやビンを捨てないで。リサイクルできるんだよ）

構文 Don't throw(V) 〈those cans and bottles〉(O) away. We(S) can recycle(V) them(O).

「リサイクルする」と日本語にもなっていますね。「再び（re）循環させる（cycle）」→「再生利用する」です。例文の前半ではthrow 物 away「物を捨てる」という熟語が使われています（throw awayの間に物が入った形）。

162

discover

[diskʌ́vər] ディスカヴァ

発見する

discovery 名 発見

例文 **Radium was discovered by Marie and Pierre Curie.**
（ラジウムは、マリーとピエールのキュリー夫妻によって発見された）

構文 Radium(S) was discovered(V) (by Marie and Pierre Curie).

disは「否定」を表し、discoverは「覆い（cover）を外す（dis）」→「発見する」となりました。名詞形はdiscovery「発見」で、「ディスカバリーチャンネル」とは「いろいろな発見をするドキュメンタリーチャンネル」です。

周回Check! 1 ／ 2 ／ 3 ／

163
birthday
[bɔ́ːrθdèi] バースデイ

誕生日

例文 **My birthday is November 10th. Can you come to my party?** (私の誕生日は11月10日だけど、誕生日パーティーに来てくれる?)

構文 My birthday(S) is(V) November 10th(C). Can you(S) come(V) (to my party)?

「バースデーケーキ(誕生日ケーキ)」は日本語にもなっていますね。「生まれた(birth) 日(day)」→「誕生日」です。高校入試では「誕生日パーティーに招待する/誕生日を祝う/誕生日プレゼントを選ぶ」といった話がよく出ます。

164
party
[pɑ́ːrti] パーティ

パーティー

例文 **We had a small party for my birthday.**
(私たちは私の誕生日に小さなパーティーをした)

構文 We(S) had(V) a small party(O) (for my birthday).

高校入試ではやたらとpartyが開催されるので、birthday party「誕生日パーティー」/have a party「パーティーを開く」/invite 人 to the party「人 をパーティーに招待する」などが頻出です。

165
page
[péidʒ] ペイヂ

ページ

例文 **The answers to these problems are on page 157.**
(これらの問題の解答は157ページにあります)

構文 〈The answers [to these problems]〉(S) are(V) (on page 157).

正しい発音は「ページ」ではなく「ペイヂ」です。turn to page 157は「ページをめくって(turn)、157ページに到達する(to)」→「157ページを開く」です。

Review!
- □ reach
- □ understand
- □ solve
- □ communicate
- □ recycle
- □ discover

166

hotel

[houtél] ホウテル

ホテル

例文 **I stayed at a hotel with an *onsen* when I visited Hakone.**
（箱根を訪れたとき、私は温泉付きのホテルに泊まった）

構文 I(S) stayed(V) (at a hotel [with an *onsen*]) (when I(s) visited(v) Hakone(o)).

ホテルの看板にはたいてい Hotelと書いてあります。日本語の「ホテル」は前にアクセントがありますが、英語 hotelのアクセントは「ホウテル」と後ろにくるので注意してください。リスニング頻出ですし、発音・アクセント問題でも狙われます。

167

shop

[ʃáp] シャップ

店

store 名 店

例文 **There are many unique clothing shops in Harajuku.**
（原宿には独特な服屋がたくさんある）

構文 There are(V) 〈many unique clothing shops〉(S) (in Harajuku).

「オンラインショップ」や「ショッピング（shopping）に行く」でおなじみですね。a clothing shop「服屋」／a pet shop「ペットショップ」／a gift shop「お土産屋」のように使います。

168

shopping

[ʃápiŋ] シャッピング

買い物

例文 **Rino and Mano went shopping in Ginza.**
（リノとマノは銀座に買い物に行った）

構文 〈Rino and Mano〉(S) went shopping(V) (in Ginza).

「銀座に買い物に行く」は（×）go shopping to Ginzaとするミスがすごく多いですが、正しくは（○）go shopping in Ginzaです。「銀座という場所・空間において（in）買い物をする」という関係を考える必要があるわけです。

周回Check! 1 ／ 2 ／ 3 ／

169

supermarket

[sú:pərmà:rkit] スーパーマーキット

スーパーマーケット

例文 **There is a supermarket next to my house, so buying food is convenient.**（私の家の隣にはスーパーマーケットがあるので、食べ物を買うには便利です）

構文 There is(V) a supermarket(S) (next to my house), so 〈buying food〉(S) is(V) convenient(C).

日本語では「スーパー」と言いますが、英語ではsupermarketです（superとは基本的に略しません）。「スーパーマーケットに買い物に行く」はgo shopping at the supermarketです（「場所の一点」を表すat）。

170

fishing

[fíʃiŋ] フィッシング

釣り

例文 **My brother and I went fishing in the river near our house.**
（兄と私は家の近くの川へ釣りに行った）

構文 〈My brother and I〉(S) went fishing(V) (in the river [near our house]).

go fishing in the river「川に釣りに行く」では「釣り人の足が川の中に入っている／釣り糸が川の中に入っている」イメージです。「ボートに乗って（川に接触して）釣りをしている」と考えて、go fishing on the riverとしてもOKです。

171

radio

[réidiòu] レイディオウ

ラジオ

例文 **Let's listen to music on the radio.**
（ラジオで音楽を聴きましょう）

構文 Let's listen to(V) music(O) (on the radio).

英語の発音は「ラジオ」ではなく「レイディオウ」です。on the radio「ラジオで」／on television・on TV「テレビで」／on the Internet「インターネットで」をセットでおさえておきましょう（「テレビ」のみtheは不要です）。

Review!
- ☐ birthday
- ☐ party
- ☐ page
- ☐ hotel
- ☐ shop
- ☐ shopping

172
movie
[mú:vi] ムーヴィー

映画
film 名 映画

例文 **The most popular movie this year was a Japanese animated film.**（今年最も人気のあった映画は日本のアニメ映画だった）

構文 〈The most popular movie this year〉 was 〈a Japanese animated film〉.
S V C

「アクションムービー（アクション映画）」と言いますね。see[watch] a movie「映画を見る」とよく使います。例文の最後にある filmも同じく「映画」という意味です（主にイギリスで使われます）。

173
present
[prézənt] プレゼント

プレゼント、贈り物
動 授与する、提出する

例文 **Did you get any presents for your birthday?**
（誕生日プレゼントを何かもらった?）

構文 Did you get 〈any presents [for your birthday]〉?
S V O

a present for ～ は「～に対するプレゼント」です。動詞で「授与する・提出する」の意味もあり、「プリゼント」のような発音になります（名詞と違ってアクセントは後ろ）。

174
park
[pá:rk] パーク

公園 動 駐車する

例文 **Children are playing in the park.**
（子どもたちが公園で遊んでいる）

構文 Children are playing (in the park).
S V

日本でも公園の名前に「〇〇パーク」とよくついています。動詞「駐車する」は「パーキングエリア」で覚えましょう（駐車場に"P"とあるのは parking「駐車場」のこと）。park my car in front of my houseは「車を家の前に停める」です。

周回Check! 1 ／ 2 ／ 3 ／

175

station

[stéiʃən] ステイション

駅

例文 **Express trains don't stop at this station.**
（急行列車はこの駅には止まりません）

構文 Express trains (S) don't stop (V) (at this station).

地図に～ Sta.と書いてあったら「～駅」という意味です。電車や新幹線の英語のアナウンスで使われているので、ぜひ聞いてみてください。例文の express train「急行列車」も大事で、日本の鉄道でも「○○エクスプレス」と使われることがあります。

176

boy

[bɔ́i] ボーイ

少年、男の子

例文 **This story is about a very smart boy.**
（この物語は、とても賢いある少年についてのお話です）

構文 This story (S) is (V) about a very smart boy (C).

つづりが oy（母音字＋ y）で終わるので、複数形は boysとなります。アメリカでは中学生くらいになると、「クラスの男子」を a boy in my classではなく a guy in my classと呼ぶようになるそうです（boyは子どもっぽい感じがする）。

177

girl

[gə́:rl] ガール

少女、女の子

例文 **The boy and girl just sat there and smiled at each other.**
（その男の子と女の子は、ただそこに座ってお互いに微笑み合っていた）

構文 〈The boy and girl〉 (S) just sat (V) there and smiled at (V) each other (O).

girlのつづりに気をつけてください。boyfriend「ボーイフレンド・彼氏」や girlfriend「ガールフレンド・彼女」も一緒におさえておきましょう。

Review!
- □ supermarket
- □ fishing
- □ radio
- □ movie
- □ present
- □ park

178
man
[mǽn] マン

男性、男の人

例文 **Who is that man? – He's my uncle.**
（あの男性は誰ですか? — 彼は私のおじです）

構文 Who is that man? – He's my uncle.
C V S S V C

日常会話では、親しい関係の人に Hey, man.「やぁ・おい」と呼びかけるときにも使えます。複数形は menです。

179
woman
[wúmən] ウゥマン

女性、女の人

例文 **A woman has never been prime minister of Japan.**
（女性が日本の総理大臣になったことは一度もない）

構文 A woman has never been 〈prime minister [of Japan]〉.
S V C

発音は「ウーマン」ではなく「ウゥマン」です。複数形の womenは「ウィミン」と発音します。リスニングや発音問題で注意が必要です（高校入試だけでなく、大学入試の発音問題でもよく狙われます)。

180
library
[láibrèri] ライブラリィ

図書館

例文 **People can borrow DVDs and CDs from libraries in addition to books.**（人々は図書館から本だけでなく、DVDや CDを借りることができる）※ in addition to 〜「〜に加えて」

構文 People can borrow 〈DVDs and CDs〉 (from libraries) (in addition to books).
S V O

ネット上で図書館の本の予約などができるサービスを「Myライブラリ」と言います。複数形 librariesはつづりをしっかりチェックしてください。

周回Check! 1 ／ 2 ／ 3 ／

181
bookstore
[búkstɔ̀ːr] ブックストーァ

本屋

例文 **I went to the bookstore last Sunday and bought many books.**（私はこの前の日曜日に本屋へ行き、たくさんの本を買った）

構文 I(S) went(V) (to the bookstore) (last Sunday) and bought(V) many books(O).

「本（book）を売っている店（store）」→「本屋」です。高校入試では「先週末は本屋に行って本を買った／今週末は図書館に行って本を借りる」など、本にまつわる会話がよく出ます。道案内でも登場する単語です。

182
tree
[tríː] トゥリー

木

例文 **Koalas like to sleep in trees.**
（コアラは木の上で眠るのが好きです）

構文 Koalas(S) like(V) 〈to sleep (in trees)〉(O).

「クリスマスツリー」でおなじみですね。英語の発音は「ツリー」ではなく「トゥリー」です。ちなみに「葉っぱ」は leaf、「（木の）枝」は branch、「（木の）幹」は trunkと言います。

183
wood
[wúd] ウッド

木、木材

例文 **This table is made of wood.**
（このテーブルは木製です）

構文 This table(S) is made of(V) wood(O).

日本でも「ウッド調（木目調）のおしゃれな家具」と使われています。例文のように be made of wood「木製だ」の形でよく出ます（be made of 材料「材料 でできている」）。また、複数形 woodsで「木がたくさんある」→「林・森」を表せます。

Review!
- □ station
- □ boy
- □ girl
- □ man
- □ woman
- □ library

184
forest
[fɔ́:rəst] フォーレスト | 森

例文 **I saw a bear when I was walking in the forest.**
(私は森を歩いているときクマに遭った)

構文 I(S) saw(V) a bear(O) ([when] I(s) was walking(v) (in the forest)).

woods「林・森」よりも大きな森のイメージです。高校入試では「環境・森林伐採」の話で、protect the forest「その森林を保護する」と出ることもあります。日本は森林が多い国なので、外国人旅行者への説明でも使える単語です。

185
mountain
[máuntən] マウンテン | 山

例文 **There are a lot of mountains in Japan.**
(日本には山がたくさんある)

構文 There are(V) 〈a lot of mountains(S)〉 (in Japan).

「マウンテンバイク」とは「山を走るための自転車」です。Mt. ○○「○○山」という略した表記も大切で、たとえば「富士山」は Mt. Fujiとなります。
例：Mt. Fuji is the highest mountain in Japan.「富士山は日本で最も高い山です」

186
hill
[híl] ヒル | 丘

例文 **Our school is on top of a hill.**
(私たちの学校は丘の頂上にあります)

構文 Our school(S) is(V) (on top of a hill).

上り坂で行うタイムレースを「ヒルクライム（hill climb)」と言い、自転車競技などで使われています。hillは mountainよりも低い「丘・小山」を表します。on top of a hill「丘の頂上に」はよく使われる表現です。

周回Check! 1 ／ 2 ／ 3 ／

187

news
[njúːz] ニューズ

ニュース、知らせ

例文 **The news of the train accident shocked everyone.**
(その列車事故のニュースは、みんなに衝撃を与えた)

構文 〈The news [of the train accident]〉 shocked everyone.
S: 〈The news [of the train accident]〉 / V: shocked / O: everyone

newsの発音は「ニュース」ではなく「ニューズ」です。「(テレビ・新聞などの)ニュース」に限らず、身近な「知らせ・情報」にも使えます。

188

newspaper
[njúːzpèipər] ニューズペイパァ

新聞

例文 **My father reads many different newspapers every day.**
(私の父は毎日多くのいろいろな新聞を読んでいます)

構文 My father reads 〈many different newspapers〉 (every day).
S: My father / V: reads / O: 〈many different newspapers〉

「ニュース(news)が載っている紙(paper)」→「新聞」です。こちらは地域などによって、「ニューズペイパァ」と発音する人と「ニュースペイパァ」と発音する人の両方がいるようです。

189

paper
[péipər] ペイパァ

紙、新聞

例文 **How many sheets of paper do you need for your report?**
(報告書に何枚の紙が必要ですか?)

構文 〈How many sheets of paper〉 do you need (for your report)?
O: 〈How many sheets of paper〉 / S: you / V: need

「1枚の紙」は a sheet of paperと表します。paperが「紙」の意味の場合は数えられない名詞なので、paper自体に冠詞のaや複数のsはつきません。papersではなく、two sheets of paper「2枚の紙」とする必要があるわけです。

Review!

- □ bookstore
- □ tree
- □ wood
- □ forest
- □ mountain
- □ hill

190

office

[ɔ́:fis] オーフィス

会社、オフィス
officer 名 公務員　official 形 公式の

例文 **Ten people work in this office from Monday to Friday.**
（この会社では10人が月曜日から金曜日まで働いています）

構文 Ten people work (in this office) (from Monday to Friday).
S: Ten people　V: work

日本語でも「仕事場・事務所」を「オフィス」と言います。形容詞 official「公式の」は、日本でも「オフィシャルサイト（公式のウェブサイト）」と使われています。

191

phone/telephone

[fóun] フォウン / [téləfòun] テレフォウン

電話
smartphone 名 スマートフォン
cell[mobile] phone 名 携帯電話

例文 **My sister is talking on the telephone.**
（私の姉は電話で話しているところです）

構文 My sister is talking (on the telephone).
S: My sister　V: is talking

現在は smartphone「スマートフォン」が普及し、高校入試で「電話」は頻出テーマになっています。talk on the telephone「電話で話す」は意外とパッと出てこないので、ぜひおさえておきましょう。

192

bath

[bǽθ] バス

浴室、風呂
bathroom 名 浴室、洗面所、トイレ

例文 **I couldn't answer the phone because I was taking a bath.**
（お風呂に入っていたので、私は電話に出ることができなかった）

構文 I couldn't answer the phone (because I was taking a bath).
S: I　V: couldn't answer　O: the phone　s: I　v: was taking　o: a bath

「バスソルト」とは「お風呂に入れる入浴剤」です。take a bath「お風呂に入る」という熟語が重要です。特にアメリカでは「風呂場」と「お手洗い」が1つになっているので、bathroomで「トイレ」を指すこともあります。

周回Check!　1 ／　2 ／　3 ／

193

shower

[ʃáuər] シャウァ

にわか雨、シャワー

例文 **He likes taking baths because he can relax, but I think showers are quicker.** （リラックスできるので彼はお風呂に入るのが好きだが、私はシャワーのほうが手っ取り早いと思う）

構文 He likes 〈taking baths〉 (because he can relax), but I think 〈{that} showers are quicker〉.
(He = S, likes = V, taking baths = O, he = s, can relax = v, I = S, think = V, {that} = O, showers = s, are = v, quicker = c)

「にわか雨のように降るもの」→「シャワー」となりました。get caught in a showerは、直訳「にわか雨の中につかまえられる」→「にわか雨にあう」です。

194

game

[géim] ゲイム

試合、ゲーム
match 名 試合

例文 **We need four people to play this card game.**
（このカードゲームをするためには4人必要だ）

構文 We need four people (to play this card game).
(We = S, need = V, four people = O)

遊びの「ゲーム」もありますが、「試合・競技」という意味でもよく使います。a football gameは「アメフトの試合」、the Olympic Gamesは「オリンピック競技会」です（オリンピックを英語で表すときは複数形にする点に注意）。

195

morning

[mɔ́ːrniŋ] モーニング

朝

例文 **I always eat breakfast in the morning before I go to school.** （私は朝、いつも学校へ行く前に朝食を食べます）

構文 I always eat breakfast (in the morning) (before I go (to school)).
(I = S, eat = V, breakfast = O, I = s, go = v)

「モーニングルーティーン」「モーニングコーヒー」などでおなじみですね。例文のように、in the morning「午前中に」という表現が大事です。「午前という期間の範囲内」という感覚から、前置詞はinを使います。

Review!

- ☐ news
- ☐ newspaper
- ☐ paper
- ☐ office
- ☐ phone/telephone
- ☐ bath

196

noon

[nú:n] ヌーン

正午

例文 **The meeting will finish at noon.**
（その会議は正午に終わる予定です）

構文 The meeting (S) will finish (V) (at noon).

afternoonは「正午（noon）の後（after）」→「午後」という意味です。noonは「正午・12時という一点」を表し、「時計の針が12時の一点をピンポイントで指す」イメージから atを使います。at noon「正午に・昼の12時に」です。

197

evening

[í:vniŋ] イーヴニング

夕方

例文 **The sun rises in the morning and sets in the evening.**
（太陽は朝昇り、夕方沈む）

構文 The sun (S) rises (V) (in the morning) and sets (V) (in the evening).

morningと同じく、in the evening「夕方に」の形でよく使います。setは文字通り「セットする・置く・設定する」の意味に加えて、例文のように「沈む」の意味もあります。「日没」のことを「サンセット（sunset）」と言いますね。

198

night

[náit] ナイト

夜

例文 **Bats are active at night and sleep during the day.**
（コウモリは夜に活動し、昼間に眠る）

構文 Bats (S) are (V) active (C) (at night) and sleep (V) (during the day).

at night「夜に」という熟語で出ます。nightは「一点」ではないものの、英語の世界では「暗くて行動できない時間」→「時間の幅をもたない一点」と捉えることで、atが使われたと考えられます。

周回Check! 1 ／ 2 ／ 3 ／

199

day

[déi] デイ

日

例文 **Our trip to Paris was only three days and two nights. It was much too short!**（私たちのパリへの旅行はたった2泊3日でした。本当に短かったです！）

構文 〈Our trip [to Paris]〉(S) was(V) 〈only three days and two nights〉(C).
It(S) was(V) much too short!(C)

every day「毎日」とよく使いますね。everyと dayは離して（別の単語として分けて）書く点に気をつけましょう。everydayという1語だと「毎日の・日々の」という形容詞になります（例：everyday clothes「日々の服」→「普段着」）。

200

year

[jíər] イア

年

例文 **In Japan, students go to junior high school for three years.**（日本では、生徒は3年間中学校に通います）

構文 (In Japan), students(S) go(V) (to junior high school) (for three years).

「新年」を New Yearと言います。また、年齢を言うときは I'm fifteen years old.「私は 15歳です」のように使います。

201

story

[stɔ́ːri] ストーリィ

物語、話、階

例文 **My grandfather often tells us ghost stories.**
（私の祖父は私たちによく怪談を話してくれます）

構文 My grandfather(S) often tells(V) us(O_1) ghost stories(O_2).

事実に基づく話も、小説などの架空の話にも storyを使えます。さらに 3階建ての建物にはフロアごとに 3つの「歴史物語の絵」を描いていたことから、storyに「階」という意味が生まれました（例：a three-story building「3階建ての建物」）。

Review!

- □ shower
- □ game
- □ morning
- □ noon
- □ evening
- □ night

202

program

[próugræm] プロウグラム

番組、プログラム

例文 **What kind of TV programs do you like? – I like comedy shows.**（どんな種類のテレビ番組が好きですか？ — 僕はお笑い番組が好きです）

構文 〈What kind of TV programs〉(O) do you(S) like(V)? – I(S) like(V) comedy shows(O).

本来は「前もって決めたこと」です。「行事などの進行表」というイメージが強いと思いますが、テレビなどの「番組（TV program）」という意味もあります。

203

village

[vílidʒ] ヴィリッヂ

村

例文 **Many tourists visit that small village in the mountains in winter.**（多くの旅行者は冬に、山の中にあるあの小さな村を訪れます）

構文 Many tourists(S) visit(V) 〈that small village [in the mountains]〉(O) (in winter).

沖縄の石垣やいま村などの「星空ビレッジ」（星空の下で開かれるイベント）が有名です。つづりのミスが多いので villageの ageの部分に注目して覚えてください。物語文でもよく出ますし、地方創生や観光の話題でもよく使われます。

204

town

[táun] タウン

町、街

hometown 名 故郷

例文 **There are only two junior high schools and one train station in this town.**（この町には、中学校が2つ、駅は1つしかありません）

構文 There are(V) 〈only two junior high schools and one train station〉(S) (in this town).

ゲームに出てくる町に「○○タウン」という名前がついていることがあります。hometownは「ホームに感じる（home）町（town）」→「故郷」で、I miss my hometown.「生まれ故郷が恋しいです」のように使えます。

周回Check! 1 ／ 2 ／ 3 ／

205
city
[síti] スィティ

都市、市

例文 **Tokyo is one of the biggest cities in the world.**
（東京は世界で最も大きな都市の1つだ）

構文 Tokyo(S) is(V) 〈one of the biggest cities〉(C) (in the world).

複数形は yを iにして esをつけ、citiesとなります。規模は village「村」< town「町」< city「都市」という感じです（cityと townには明確な使い分けはありませんが）。例文は one of the 最上級 複数名詞「最も～なうちの1つ」の形です。

206
country
[kʌ́ntri] カントゥリィ

国、田舎
countryside 名 田舎

例文 **Russia is the biggest country in the world.**
（ロシアは世界で最も大きな国だ）

構文 Russia(S) is(V) 〈the biggest country〉(C) (in the world).

発音は「カントゥリィ」ですが、つづりは countryなので注意してください。countryに「田舎」の意味もありますが、countrysideを使うとハッキリ「田舎」だと表せます。資格試験の英作文やスピーキングでも「都市 vs. 田舎」は定番のテーマです。

207
world
[wə́ːrld] ワールド

世界

例文 **It's easy to travel around the world by plane.**
（飛行機で世界中を旅するのは簡単だ）

構文 It(仮S)'s(V) easy(C) 〈to travel (around the world) (by plane)〉(真S).

around the world・all over the world「世界中で」という熟語がよく狙われます。また、World Heritage Site「世界遺産」という表現も大切です。

Review!
□day □story □village
□year □program □town

208

key

[kíː] キー

カギ　形 重要な

例文 **You can open the box with this key.**
（このカギでその箱を開けることができます）

構文 You can open the box (with this key).
S V O

「（ドアなどを開ける）カギ」に加えて、「問題を解くカギ」→「手がかり・秘訣」の意味でも使えます。the key to his successは「彼の成功への秘訣」です。日本語でも、カギとなる重要な点のことを「キーポイント」と言いますね。

209

half

[hǽf] ハーフ

半分

例文 **I'll be there in half an hour.**
（30分後にそこに行くよ）

構文 I'll be (there) (in half an hour).
S V

日本語でも「ハーフマラソン（マラソンの半分の距離を走る種目）」などと使われています。half an hourは「1時間の半分」→「30分」です。例文のinは「経過（〜後）」を表す用法で（564番）、in half an hour「30分後に」ということです。

210

money

[mʌ́ni] マニィ

お金

例文 **I'm trying to save money to buy a new smartphone.**
（僕は新しいスマートフォンを買うために、お金を節約しようとしている）

構文 I'm trying to save money (to buy a new smartphone).
S V O

日本語では「マネー」と言いますが、英語では「マニィ」と発音します。Time is money.「時は金なり」ということわざも有名です。spend moneyは「お金を使う」、save moneyは「お金を節約する」です。

周回Check!　1 ／　2 ／　3 ／

211

coin

[kɔ́in] コイン

コイン、硬貨

例文 **That man paid with coins only. He didn't use any paper money.**（その人は硬貨だけで支払った。彼は紙幣をまったく使わなかったのだ）

構文 That man(S) paid(V) (with coins only). He(S) didn't use(V) any paper money(O).

10円玉、100円玉のような硬貨が coinです。money = coins「硬貨」+ bills「紙幣」ということです。moneyは coinや billをひとまとめにしたもの（すでに複数の概念を含むもの）なので、money自体に冠詞の aや複数の sはつきません。

212

corner

[kɔ́:rnər] コーナァ

角、隅

例文 **The shop is at the corner of Main Street and First Avenue.**（その店はメインストリートと1番通りの角にあります）

構文 The shop(S) is(V) (at the corner of Main Street and First Avenue).

「三角コーナー」はキッチンの「流しの角」に置きますね。例文のように「角（かど）」でも、I found my cat in the corner of the room.「ネコは部屋の隅にいた（私は部屋の隅でネコを見つけた）」のように「隅（すみ）」でも使えます。

213

floor

[flɔ́:r] フロア

床、階

例文 **The dish fell off the table onto the floor.**
（その皿はテーブルから床に落ちた）

構文 The dish(S) fell(V) (off the table)(onto the floor).

ビルなどの 1F, 2F…の Fは floorの頭文字です。日本でも「○○フロア」とよく使われています。

Review!
- □ city
- □ country
- □ world
- □ key
- □ half
- □ money

214

line

[láin] ライン

線、（鉄道などの）～線、列

例文 **Take the Chuo Line at Shinjuku Station.**
（新宿駅で中央線に乗ってください）

構文 Take(V) the Chuo Line(O) (at Shinjuku Station).

例文のように「（鉄道などの）○○線」という意味でも使えます（入試の「道案内」の場面で頻出です）。さらに「線」→「列」で、in a line「ライン・列（line）という形式で（in）」→「1列になって・並んで」という熟語もよく使います。

215

front

[frʌ́nt] フラント

前面、正面

例文 **Oliver was surprised at the long line in front of the ramen shop.**（オリバーはそのラーメン屋の前の長蛇の列に驚いた）

構文 Oliver(S) was surprised at(V) 〈the long line [in front of the ramen shop]〉(O).

車の「フロントガラス」は「前にあるガラス」ですね。in front of ～「～の前で」という熟語が大事で、リスニングでもよくポイントになります（発音は「フロント」ではなく「フラント」です）。

216

center

[séntər] センタァ

中心、センター
central 形 中心の

例文 **This station is in the center of this city.**
（この駅はこの都市の中心部にあります）

構文 This station(S) is(V) (in the center of this city).

野球やバスケなどのポジションの名前で出てきますし、アイドルの「今度のセンターは誰？」でおなじみですね。つづりをsで書き始めてしまうミスが多いですが、cなので注意してください。「circle（円）の center」と覚えれば OKです。

周回Check! 1 ／ 2 ／ 3 ／

217

ice

[áis] アイス

氷

例文 **Greenland is covered with ice all year round.**
(グリーンランドは1年中氷で覆われている)

構文 Greenland(S) is covered(V) with ice(O) (all year round).

英語の iceは「氷」のことです。「アイスクリーム」と思ってしまう人が多いですが、それは ice creamと言うのが普通です。例文の be covered with 〜「〜で覆われている」も重要熟語でしたね(109番)。

218

time

[táim] タイム

時間

例文 **Do you have time to help me with my homework?**
(私の宿題を手伝ってくれる時間はありますか?)

構文 Do you(S) have(V) 〈time [to help me with my homework]〉(O)?

例文は Do you have time to 〜?「〜する時間はある?」ですが、Do you have the time? は「あなたはみんなで共通認識できる時間(=現時刻)を持っている?(持っていたら教えて)」→「今何時かわかる?」というまったく違う意味になります。

219

bag

[bǽg] バッグ

カバン、バッグ

例文 **My bag is very large, so I put all of my textbooks in it.**
(私のカバンはとても大きいので、教科書はすべてその中に入れています)

構文 My bag(S) is(V) very large(C), so I(S) put(V) 〈all of my textbooks〉(O) (in it).

bagは袋、ハンドバッグ(handbag)、スーツケース(suitcase)など幅広く指すことができます。plastic bag「ビニール袋・レジ袋」は環境問題に関する英文でよく出ます(61番)。

Review!
- □ coin
- □ corner
- □ floor
- □ line
- □ front
- □ center

220

bed

[béd] ベッド

ベッド

例文 **It's eleven o'clock. It's time to go to bed.**
（11時です。寝る時間ですよ）

構文 It's eleven o'clock. It's 〈time [to go to bed]〉.
S V C S V C

go to bed「寝る」という熟語が重要です。この（aも -sもない）bedは、実は「bedの目的」→「睡眠」という意味で、go to bedで「睡眠に向かう」→「寝る（目的でベッドに向かう）」となるのです。

221

bedroom

[bédrù:m] ベッドルーム

寝室

例文 **There is a large bed in my bedroom.**
（私の寝室には大きなベッドがあります）

構文 There is a large bed (in my bedroom).
V S

「ベッド（bed）がある部屋（room）」→「寝室」です。他に、living room「リビング」／dining room「ダイニングルーム・食堂」／classroom「教室」／bathroom「浴室・トイレ」（192番）／restroom「トイレ」もチェックを。

222

room

[rú:m] ルーム

部屋、余地

例文 **This apartment has two rooms: a bedroom and a living room.**
（このアパートには部屋が2つあります。寝室とリビングです）

構文 This apartment has 〈two rooms: a bedroom and a living room〉.
S V O

本来は「空間・余地」で、a roomで「1つの空間」→「部屋」となりました。応用ですが、本来の「空間（スペース）・余地」の意味もチェックしておきましょう（この意味の場合は数えられない名詞扱いです）。

周回Check! 1 ／ 2 ／ 3 ／

223

picture

[píktʃər] ピクチャァ

絵、写真

例文 **I took a picture of my lunch for my Instagram.**
（私はインスタグラムに載せるために昼食の写真を撮った）

構文 I took 〈a picture [of my lunch]〉 (for my Instagram).
S V O

写真や画像データの保存先に「ピクチャ」と使われたりします。draw a picture「絵を描く」や take a picture「写真を撮る」という熟語がよく狙われます。takeは「とる」という意味が基本です（536番）。

224

photograph/photo

[fóutəgræf] フォウトグラフ

写真
photographer 名 写真家

例文 **The photographer took hundreds of photographs during the wedding ceremony.**（その写真家は結婚式の間、何百枚もの写真を撮った）

構文 The photographer took hundreds of photographs (during the wedding ceremony).
S V O

「フォトブック」でおなじみですね。英語でも photographは長いので、短く photo と使われることもあります（発音は「フォウトウ」[fóutou]）。photo・photograph は前にアクセント、photographerは真ん中にアクセントがきます。

225

album

[ǽlbəm] アルバム

アルバム

例文 **Do you have any photo albums of your family?**
（あなたは家族のアルバムを持っていますか?）

構文 Do you have 〈any photo albums [of your family]〉?
S V O

本来は「何かを1つにまとめたもの」というイメージで、「（複数の曲を集めたCDの）アルバム」だけでなく「写真」にも使えます（日本語でも「フォトアルバム」と言います）。その他、サイン帳・切手帳・楽譜帳など幅広く使える単語です。

Review!
- □ ice
- □ time
- □ bag
- □ bed
- □ bedroom
- □ room

226

camera

[kǽmərə] キャメラ

カメラ

例文 **Many people use their mobile phones instead of cameras to take pictures.**（カメラの代わりに携帯電話を使って写真を撮る人が多い）

構文 Many people use their mobile phones (instead of cameras) (to take pictures).
S: Many people / V: use / O: their mobile phones

発音は「カメラ」ではなく「キャメラ」という感じです。例文の take a picture「写真を撮る」／ mobile phone「携帯電話」(5番)、さらに instead of ～「～の代わりに・～ではなく」も大事な表現です。

227

video

[vídiòu] ヴィディオウ

ビデオ、動画

例文 **My father took a video of my brother's soccer game.**
（父は弟のサッカーの試合をビデオに撮った）

構文 My father took 〈a video [of my brother's soccer game]〉.
S: My father / V: took / O: a video [of my brother's soccer game]

takeは本来「とる」で、take a video of ～「～のビデオを撮る」です。「テレビゲーム」のことを英語では a video gameと言います（最近では a video gameでパソコンやスマホでするゲームも表します）。

228

ball

[bɔ́:l] ボール

ボール

例文 **Alan threw the ball and Joe hit it.**
（アランはボールを投げ、ジョーはそれを打った）

構文 Alan threw the ball and Joe hit it.
S: Alan / V: threw / O: the ball / and / S: Joe / V: hit / O: it

つづりは bollではなく ballです。baseball「野球」、basketball「バスケットボール」、volleyball「バレーボール」でも使われています。ちなみに、例文の hitは過去形です（hit-hit-hitという無変化型の動詞／ threwは throwの過去形）。

周回Check! 1 ／ 2 ／ 3 ／

229

flower

[fláuər] フラウァ

花

例文 **I bought some flowers for my mother on Mother's Day.**
（私は母の日に、母に花を何本か買いました）

構文 I(S) bought(V) some flowers(O) (for my mother) (on Mother's Day).

「生け花」のことを「フラワーアレンジメント」と言うことがあります（正確な発音は「フラウァ」といった感じ）。難関校では flour「小麦粉」という単語が出ますが、これも flowerと同じ発音です（この点が実際に難関校で問われたこともあります）。

230

letter

[létər] レタァ

手紙

例文 **I got a love letter from Yuka.**
（僕はユカからラブレターをもらいました）

構文 I(S) got(V) a love letter(O) (from Yuka).

「ラブレター（love letter）」でおなじみですね。letterは本来「手書きの文字」→「手紙・文字」です。難関校を目指す人は「文字」の意味までチェックを。
例：The English alphabet has 26 letters.「英語のアルファベットには26の文字がある」

231

garden

[gá:rdn] ガードゥン

庭　gardener 名 植木屋、ガーデニングが好きな人　yard 名 庭

例文 **We have grass, trees and flowers in our garden.**
（私たちの庭には芝生、木、花があります）

構文 We(S) have(V) 〈grass, trees and flowers〉(O) (in our garden).

「ガーデニング」から覚えられますね。日本でも「○○ガーデン」とよく使われています。また、日本には有名な庭園がたくさんあるので、日本紹介でも欠かせない単語です。

Review!
- □ picture
- □ photograph/photo
- □ album
- □ camera
- □ video
- □ ball

232
song
[sɔ́ːŋ] ソーング

歌

例文 **I heard this song on the radio this morning. Who is the singer?**（今朝ラジオでこの歌を聞いたんだけど、歌っているのは誰？）

構文 I(S) heard(V) this song(O) (on the radio)(this morning). Who(C) is(V) the singer(S)?

「ラブソング（love song）」でおなじみですね。sing a song「歌を歌う」、write a song「歌・曲を書く」→「作詞する・作曲する」とよく使います。

233
chorus
[kɔ́ːrəs] コーラス

合唱

例文 **Saori and I sang together in the school chorus contest.**
（サオリと私は校内合唱コンクールで一緒に歌った）

構文 〈Saori and I〉(S) sang(V) (together) (in the school chorus contest).

「コーラス」のことだとわかれば問題ないでしょう。つづりが難しいので、趣味や部活のことを書く人はしっかり練習しておいてください。高校入試では chorus contest「合唱コンクール」がよく出ます。

234
band
[bǽnd] バンド

バンド、帯

例文 **We are looking for a guitarist for our rock band.**
（私たちはロックバンドのギタリストを探しています）

構文 We(S) are looking for(V) 〈a guitarist [for our rock band]〉(O).

物を縛る「帯状のもの」を bandと言います。たとえば「リストバンド」は「手首に着ける帯状のもの」ですね。ロックバンドは「1つに縛られたグループ」と考えれば OKです。

周回Check! 1 ／ 2 ／ 3 ／

235
music
[mjúːzik] ミューズィック

音楽
musical 名 ミュージカル

例文 **Which do you like better, classical music or rock?**
(あなたはクラシックとロック、どちらが好きですか?)

構文 Which do you like better, classical music or rock?
(Which: O / you: S / like: V)

「クラシック音楽」は(×)classic musicではなく、例文のように(○)classical musicと表します(かなりの上級者でもよくミスします)。英語のclassicは本来「最高級の」という意味で、classicalが「クラシックの・古典的な」です。

236
musician
[mjuːzíʃən] ミューズィシャン

音楽家、ミュージシャン

例文 **Jeff is a famous musician. He is good at playing the guitar.**
(ジェフは有名なミュージシャンだ。ギターを弾くのが上手い)

構文 Jeff is a famous musician. He is good at 〈playing the guitar〉.
(Jeff: S / is: V / a famous musician: C / He: S / is good at: V / playing the guitar: O)

「音楽(music)をする人(ian)」と考えればOKです。"-an"や"-ian"は「人」を表し、American「アメリカ人」やmagician「マジシャン」などで使われています。また、アクセントは「ミューズィシャン」の「ズィ」の部分です。

237
concert
[kánsəːrt] カンサート

コンサート

例文 **The band played their most popular song at the concert.**
(そのバンドは、一番人気のある曲をコンサートで演奏した)

構文 The band played 〈their most popular song〉 (at the concert).
(The band: S / played: V / their most popular song: O)

高校入試では「音楽・演奏会」の話題がやたらと出るので、a piano[guitar] concert「ピアノの[ギター]コンサート」などとよく使われます。「コンサートを開く」はgive[hold] a concertです(openを使わないように注意)。

Review!
- □ flower
- □ letter
- □ garden
- □ song
- □ chorus
- □ band

238

CD

[síːdíː] スィーディー

CD

例文 **I like this singer very much. I have all of his CDs.**
(私はこの歌手が大好きです。彼の CDを全部持っています)

構文 I like this singer (very much). I have 〈all of his CDs〉.
S V O S V O

compact disc「コンパクト・ディスク」の略です。若い人は CDを聞く機会はかなり減っているでしょうが、高校入試には出題されます。

239

DVD

[díːvìːdíː] ディーヴィーディー

DVD

例文 **This movie is very interesting. Do you want to borrow the DVD?**（この映画はとても面白いよ。DVDを借りたい?）

構文 This movie is very interesting. Do you want to borrow the DVD?
S V C S V O

digital（デジタル化された）versatile[video]（何にでも使える [映像の]）disc（ディスク）の略です。versatile「何にでも使える・多才な」は難関大学レベルの単語なのでスルーして OKです。

240

art

[ɑ́ːrt] アート

芸術

artistic 形 芸術的な

例文 **Naomi is studying art at university, especially painting.**
(ナオミは大学で芸術、特に絵画を勉強している)

構文 Naomi is studying art (at university), especially painting.
S V O

本来は「技術」という意味で、そこから「技術の結晶」→「芸術・美術」となりました。日本語でも「アートに触れる」などと使われています。

周回Check! 1 ／ 2 ／ 3 ／

241

artist

[ɑ́ːrtist] アーティスト

アーティスト、芸術家

例文 **He is a famous artist. You can see his works at museums around the world.**（彼は有名な芸術家です。世界中の美術館で彼の作品を見ることができます）

構文 He(S) is(V) a famous artist(C). You(S) can see(V) his works(O) (at museums [around the world]).

「芸術（art）関係の人（ist）」です。日本で「人気アーティスト」と言うと歌手のイメージが強いですが、英語のartistは「画家」や「彫刻家」を指すことが多いです。ちなみに、例文のworksは「作品」という意味です（541番）。

242

museum

[mjuːzíːəm] ミューズィアム

博物館、美術館

例文 **There are many famous paintings at the museum.**
（その美術館には有名な絵画がたくさんある）

構文 There are(V) many famous paintings(S) (at the museum).

本来は「ミューズ（ギリシャ神話の文芸の女神）の神殿」という美しい意味です（日本では「ラーメン・ミュージアム」などでも使われていますが）。英語museumは「ミューズィアム」という発音・アクセントに注意してください。

243

name

[néim] ネイム

名前 動 名付ける

例文 **Sato is my family name and Akira is my first name.**
（サトウは苗字でアキラが名です）

構文 Sato(S) is(V) my family name(C) and Akira(S) is(V) my first name(C).

姓を「ラストネイム（last name）」、名を「ファーストネイム（first name）」や「ギヴンネイム（given name）」と言います。name OC「OをCと名付ける」の形も大切です（633番）。

Review!
- □ music
- □ musician
- □ concert
- □ CD
- □ DVD
- □ art

244

member

[mémbər] メンバー

メンバー、一員

例文 **Yuki is a member of the ping pong club.**
（ユキは卓球部の部員です）

構文 Yuki (S) is (V) 〈a member [of the ping pong club]〉 (C).

日本語でも「選抜メンバー」「日本代表のメンバー入り」などと言いますね。例文のように、a member of ～「～の一員」という形でよく使います。自己紹介でも便利な表現です。

245

card

[ká:rd] カード

カード

例文 **Please show your membership card when you enter the gym.**（ジムに入るときはメンバーズカードを見せてください）

構文 Please show (V) your membership card (O) (when you (s) enter (v) the gym (o)).

「メンバーズ（会員）カード」は membership cardと言います。membershipは「会員（member）であること」で、「（YouTubeの）メンバーシップ」は「（特典動画などを見ることができる）チャンネルの有料会員」のことです。

246

postcard

[póustkà:rd] ポウストカード

（絵）はがき

例文 **My aunt likes traveling and sends me postcards from all over the world.**（私のおばは旅行が好きで、世界中から絵はがきを私に送ってくれます）

構文 My aunt (S) likes (V) traveling (O) and sends (V) me (O_1) postcards (O_2) (from all over the world).

「郵便の（post）カード（card）」→「はがき」です。日本でもお土産として売っている「絵葉書」のことを「ポストカード」と言っています。New Year's postcardは「新年のはがき」→「年賀状」です。

周回Check! 1 ／ 2 ／ 3 ／

247

bench
[béntʃ] ベンチ

ベンチ

例文 **We sat on a bench in the park and ate our lunch.**
（私たちは公園のベンチに座り、昼食を食べた）

構文 We sat (on a bench [in the park]) and ate our lunch.
S V V O

「2人以上が座れる長いす」を指します。野球などの「ベンチ（選手が座っている場所）」からも想像できるでしょう。sit on a bench「ベンチに座る」の形でよく使います。onは本来「接触」を表し、「人がベンチに接触する」イメージです。

248

team
[tíːm] ティーム

チーム

例文 **There are six players on a volleyball team.**
（バレーボールチームには選手が6人いる）

構文 There are six players (on a volleyball team).
V S

日本語では「チーム」ですが、英語の発音は「ティーム」です。teammate「チームメート」もチェックしておきましょう（こちらの発音も「ティームメイト」となります）。

249

ticket
[tíkət] ティケット

切符、チケット

例文 **I got two tickets to the musical. Would you like to go together?**
（そのミュージカルのチケットが2枚手に入りました。一緒に行きませんか?）

構文 I got 〈two tickets [to the musical]〉. Would you like to go (together)?
S V O S V

日本語では「チケット」ですが、英語の発音は「ティケット」です。旅行の際には、a round-trip ticket「往復券・往復切符」という表現もよく使います（roundは「ぐるっと回る」イメージ）。

Review!
- ☐ artist
- ☐ museum
- ☐ name
- ☐ member
- ☐ card
- ☐ postcard

250

restaurant | レストラン

[réstərənt] レストゥラント

例文 **Have you ever eaten dinner at that restaurant? The pasta is delicious.**
(今までにあのレストランで夕食をとったことがありますか？　パスタがとてもおいしいです)

構文 Have you(S) ever eaten(V) dinner(O) (at that restaurant)? The pasta(S) is(V) delicious(C).

最後のt（restaurant）を忘れないように注意しましょう。飲食店の看板によく書かれていますね。ちなみに、deliciousは単に「おいしい」ではなく、正しくは「とてもおいしい」という意味です（453番）。

251

house | 家

[háus] ハウス

housework 名 家事

例文 **Our house has a small garden.**
(私たちの家には小さな庭があります)

構文 Our house(S) has(V) a small garden(O).

houseは物理的な「(人が住んでいる) 建物」を指します。一方homeは「家庭」という意味が含まれ、さらに「故郷」という意味で使われることもあります。houseworkは「家の（house）仕事（work）」→「家事」です。

252

box | 箱

[báks] バックス

例文 **There are many toys in this box.**
(この箱にはおもちゃがたくさん入っている)

構文 There are(V) many toys(S) (in this box).

日本でも「収納ボックス」などと使われています。また、日本のテレビ番組で「(怪物のように巨大な) 跳び箱」のことを「モンスターボックス」と言っていました。

周回Check!　1 ／　2 ／　3 ／

253

computer

[kəmpjúːtər] コンピュータァ

コンピューター、パソコン

例文 **He uses this computer to design houses.**
（彼は家を設計するために、このパソコンを使っている）

構文 He uses this computer (to design houses).
S V O

「パソコン」は本来、personal computer（個人のコンピューター）の略です。ただし、普段の会話では personal computerや PCではなく、単に computerを使うことが多いです。

254

tape

[téip] テイプ

テープ

例文 **We put the poster on the wall with tape.**
（私たちはポスターをテープで壁に貼った）

構文 We put the poster (on the wall) (with tape).
S V O

元々は「縛るためのひも」で、そこから「ひも・テープ・リボン」などを表すようになりました。発音は「テープ」ではなく「テイプ」です。

255

goal

[góul] ゴウル

ゴール、目標

例文 **His goal is to become a writer, so he writes short stories to practice.** （彼の目標は作家になることなので、彼は練習のために短編小説を書いている）

構文 His goal is 〈to become a writer〉, so he writes short stories (to practice).
S V C S V O

入試では「最後にあるゴール」→「目標・目的地」が重要です（goalの発音は「ゴウル」)。例文の His goal is to 〜「彼の目標は〜することだ」の形はよく使われます。目標は「これから」のことなので、未来志向の toと相性が良いのです。

Review!
- □ bench
- □ team
- □ ticket
- □ restaurant
- □ house
- □ box

256

dream

[dríːm] ドゥリーム

夢

例文 **Study hard, and your dreams will come true.**
（一生懸命勉強しなさい。そうすれば夢は実現するでしょう）

構文 Study hard, and your dreams will come true.
(Study = V, your dreams = S, will come = V, true = C)

「将来の夢」「寝ているときに見る夢」、両方とも dreamです。英作文で定番の「将来の夢」を書くときに My dream is to 〜「私の夢は〜することだ」は重宝します（未来志向の to)。　例：My dream is to be a YouTuber.「僕の夢は YouTuberになることだ」

257

future

[fjúːtʃər] フューチャァ

将来、未来

例文 **I want to be a doctor in the future.**
（私は将来医者になりたい）

構文 I want to be a doctor (in the future).
(I = S, want to be = V, a doctor = C)

in the future「将来」という熟語が頻出です。自分の将来の夢を伝える際に重宝しますし、リスニングや英作文で What do you want to be in the future?「あなたは将来何になりたいですか？」とよく出ます。

258

basket

[bǽskət] バスケット

かご

例文 **This basket is full of oranges. It's really heavy.**
（このかごはオレンジでいっぱいだ。本当に重い）

構文 This basket is full of oranges. It's really heavy.
(This basket = S, is full of = V, oranges = O, It = S, 's = V, really heavy = C)

最近は家具屋などで「（収納）かご」を「バスケット」と表記することも増えてきました。ballがつくと basketball「バスケットボール」になります（バスケットボールは日本語で「籠球（ろうきゅう）」と言います。「籠球」は「かご」とも読めますね)。

259
event
[ivént] イヴェント

出来事、イベント

例文 **More than 1,000 people will come to the event on Saturday.**（土曜日には1,000人以上の方がイベントに来場されます）

構文 〈More than 1,000 people〉(S) will come(V) (to the event) (on Saturday).

日本語の「イベント」は、クリスマスなど楽しいイメージが強いですが、英語のeventは「良いこと」にも「悪いこと」にも使えます。たとえば、the biggest event of the centuryは「今世紀最大の出来事」です。

260
speed
[spíːd] スピード

スピード

例文 **Watch your speed. The police often catch people who drive too fast in this area.**（速度に気をつけて。警察が、この地域でスピードを出しすぎる人をよく取り締まっているよ）

構文 Watch(V) your speed(O). The police(S) often catch(V) 〈people [who drive too fast]〉(O) (in this area).

watchは「（動くものを）よく見る」→「気をつける・注意する」という意味があり（551番）、Watch your speed.「速度に気をつけて」となります。

261
host family
[hóust fǽməli] ホウスト ファミリィ

ホストファミリー
host 名 主人、主催者　動 主催する

例文 **Rui stayed with a host family for one month when he studied in Australia.**（ルイはオーストラリアに留学していたとき、1か月間ホストファミリーのところに滞在した）

構文 Rui(S) stayed(V) (with a host family) (for one month) (when he(s) studied(v) (in Australia)).

hostは本来「もてなす」という意味で、host familyは「留学生をもてなす（受け入れてくれる）家族」のことです。高校入試では「留学」や「留学生とのやりとり」がよく出るだけに、とても大事な表現です。

Review!
- □ computer
- □ tape
- □ goal
- □ dream
- □ future
- □ basket

262

rule

[rú:l] ルール

ルール、規則　**動** 支配する
ruler **名** ものさし

例文 **The rules of baseball and softball are a little different.**
(野球とソフトボールのルールは少し違う)

構文 〈The rules [of baseball and softball]〉(S) are(V) a little different(C).

日本語でも「世の中のルール」「スポーツのルール」などすっかり定着していますね。school ruleは「学校のルール」→「校則」です。rulerは「物の長さを測るルール」→「ものさし」と考えればいいでしょう。

263

message

[mésidʒ] メッスィッヂ

メッセージ、伝言

例文 **I'm sorry, but Sara is out now. May I take a message?**
(申し訳ございませんが、サラは今外出中です。伝言を承りましょうか?)

構文 I(S)'m(V) sorry(C), but Sara(S) is(V) (out) (now). May I(S) take(V) a message(O)?

takeは本来「とる」で（536番）、take a messageで「伝言をとる」→「伝言を承る」となります。反対はleave a message「伝言をほったらかす」→「伝言を残す」です（539番）。

264

coach

[kóutʃ] コウチ

コーチ

例文 **The soccer coach gives instructions to the players during the game.**（サッカーのコーチ（監督）は試合中、選手たちに指示を与えます）

構文 The soccer coach(S) gives(V) instructions(O) (to the players) (during the game).

coachというつづりと、「コウチ」という発音に注意してください。例文のinstruction「指示」は難しい単語ですが、難関高校ではたまに出ます（英検2級レベル）。

周回Check! 1 ／　2 ／　3 ／

265
mirror
[mírər] ミラァ

鏡

例文 **I put my tie on in front of the mirror in my bathroom every day.**（僕は毎日、洗面所の鏡の前でネクタイをしめている）

構文 I put my tie on (in front of the mirror [in my bathroom]) (every day).
S V O

「バックミラー」のミラーです。mirrorというつづりに注意してください（rが3回も出てくる）。例文のput onは「着る・身につける」という熟語で、今回はput my tie onと間に挟まれています（「ネクタイ」は英語ではtieをよく使います）。

266
net
[nét] ネット

ネット、網

例文 **The fisherman caught fish with a net.**
（その漁師は網で魚をつかまえた）

構文 The fisherman caught fish (with a net).
S V O

普通の「網」だけでなく、「インターネット」や「テレビなどの放送網」という意味もあります。networkは「ネット・網（net）のように作られたもの（work）」→「ネットワーク（路線網・放送網など）」です。

267
pocket
[pákət] パケット

ポケット

例文 **I thought my ticket was in my pocket, but I couldn't find it.**
（切符をポケットに入れたと思ったけど、見つからなかった）

構文 I thought 〈{that} my ticket was (in my pocket)〉, but I couldn't find it.
S V O s v S V O

英語の発音は「パケット」という感じです。in[into] one's pocket「ポケットの中に」の形でよく使われます（intoはinとtoがくっついて「～の中へ入っていく」イメージ）。out of one's pocketは「ポケットの外へ」です。

Review!
- ☐ event
- ☐ speed
- ☐ host family
- ☐ rule
- ☐ message
- ☐ coach

268
bell
[bél] ベル

ベル

例文 **The bell just rang. There must be somebody at the front door.**（ベルがちょうど鳴ったよ。きっと玄関に誰かいるよ）

構文 The bell (S) just rang (V). There must be (V) somebody (S) (at the front door).

ring「鳴る・鳴らす」（105番）と相性の良い単語です。会話では、ring a bell「心の中でベルが鳴る」→「どこかで聞いたことがある・見覚えがある」という表現も便利です。　例：That name rings a bell.「その名前、聞いたことあるよ」

269
hint
[hínt] ヒント

ヒント

例文 **Please give me a hint, and I can guess the answer.**
（私にヒントをください。そうすれば答えを推測できます）

構文 Please give (V) me (O_1) a hint (O_2), and I (S) can guess (V) the answer (O).

例文の give me a hint「私にヒントを与えて」→「ヒントをください」は、英会話で役立つかもしれません。例文全体は、命令文 , and ...「～しなさい。そうすれば…（プラス内容）」の形です（P.239）。

270
poster
[póustər] ポウスタァ

ポスター

例文 **Let's make a poster for the school festival.**
（学園祭のポスターを作りましょう）

構文 Let's make (V) 〈a poster [for the school festival]〉 (O).

postは「（ゴールポストなどの）柱」→「柱に貼る」という意味があり、そこから名詞が poster「貼るもの」→「ポスター」となりました。高校入試では「ポスター作り」に関する話がやたらと出ます。

周回Check!　1 ／　2 ／　3 ／

271

number

[nʌ́mbər] ナンバァ

数、番号

例文 **My mobile phone number is 080-xxxx-xxxx.**
（私の携帯電話の番号は080-xxxx-xxxxです）

構文 〈My mobile phone number〉(S) is(V) 〈080-xxxx-xxxx〉(C).

自動車などについている「ナンバープレート」には番号が書いてあります。the number of ～ は「～の数」ですが（単数扱い）、a number of ～ だと「いくつかの～・たくさんの～」という意味になります（複数扱い）。

272

pet

[pét] ペット

ペット

例文 **Do you have any pets? – Yes, I have three cats.**
（何かペットを飼っていますか？ — はい、ネコを3匹飼っています）

構文 Do you(S) have(V) any pets(O)? – Yes, I(S) have(V) three cats(O).

have a petで「ペットを持つ」→「ペットを飼う」となります。意外にも「ペットを飼うことの是非」は英作文や英検の面接でも頻出テーマです。

273

fan

[fǽn] ファン

ファン

例文 **Ryota is a big fan of Major League Baseball, especially the Red Sox.**（リョウタはメジャーリーグ、特にレッドソックスの大ファンです）

構文 Ryota(S) is(V) 〈a big fan [of Major League Baseball, especially the Red Sox]〉(C).

a big fan of ～「～の大ファン」の形はよく使われます。「大ファン」→「大好き」で、I'm a big fan of sushi.「私は寿司が大好きです」のようにも使えます。

Review!
- □ mirror
- □ net
- □ pocket
- □ bell
- □ hint
- □ poster

274

fun

[fʌ́n] ファン

楽しみ
funny 形 面白い

例文 **Basketball is a lot of fun, so I play every day.**
（バスケットボールはとても楽しいので、私は毎日しています）

構文 Basketball(S) is(V) a lot of fun(C), so I(S) play(V) (every day).

funは名詞なので a lot of fun「たくさんの楽しみ（とても楽しい）」は OKですが、文法的には very funとは言えません（veryの後ろには形容詞や副詞がくるのが原則)。似たつづりの fanとしっかり区別してください。

275

dance

[dǽns] ダンス

ダンス、踊り 動 踊る
dancer 名 ダンサー

例文 **The tango is a famous dance from Argentina.**
（タンゴはアルゼンチン発祥の有名なダンスです）

構文 The tango(S) is(V) 〈a famous dance [from Argentina]〉(C).

「フラダンス」「ブレイクダンス」などのダンスです。応用で dance to the music「音楽に合わせて踊る」という表現もあります。toは「方向・到達」→「(到達して）一致する」の意味があり（567番)、「音楽にくっついて踊る」イメージです。

276

group

[grúːp] グループ

グループ、集団

例文 **A group of girls was talking loudly on the train.**
（女の子のグループが、電車で大きな声で話していた）

構文 〈A group of girls〉(S) was talking(V) (loudly) (on the train).

例文は a group of ～「～のグループ・集団」の形で、「group全体をひとまとまり」と考えて単数扱い（動詞が was）になっています。in a group「グループ（a group）という形式で（in)」→「グループで・集団で」という熟語も大切です。

周回Check! 1 ／ 2 ／ 3 ／

277

speech

[spíːtʃ] スピーチ

スピーチ、演説

例文 **His speech was very exciting. He's good at speaking in front of many people.** (彼のスピーチはとてもワクワクするものだった。彼は大勢の前で話すのが得意なのだ)

構文 His speech (S) was (V) very exciting (C). He's (S) good at (V) speaking (O) (in front of many people).

動詞 speak「話す」の名詞形です。make[give] a speech「スピーチを作る[与える]」→「スピーチする」という表現もよく使います。

278

contest

[kɑ́ntest] カンテスト

コンテスト

例文 **The English teachers will choose the winner of the speech contest.** (その英語の先生方がスピーチコンテストの優勝者を選びます)

構文 The English teachers (S) will choose (V) 〈the winner [of the speech contest]〉 (O).

contestは「一緒に(con)テスト(test)して競争する」と覚えるのも一つです。スピーチコンテストは高校入試で鉄板の話題です。win the English speech contestは「英語のスピーチコンテストで優勝する」です。

279

picnic

[píknik] ピクニック

ピクニック、遠足

例文 **We made sandwiches for our picnic in the park.** (私たちは公園でピクニックをするため、サンドイッチを作った)

構文 We (S) made (V) sandwiches (O) (for our picnic [in the park]).

「屋外での食事・ピクニック」だけでなく、「遠足・自宅の庭でのパーティー」などを表すこともあります。have a picnicは「ピクニックをする・野外で食事をする」、go on a picnic・go for a picnicは「ピクニックに出かける」です。

Review!
- □ number
- □ pet
- □ fan
- □ fun
- □ dance
- □ group

280

street

[stríːt] ストゥリート

通り
road 名 道路

例文 **Playing in the street is dangerous.**
（通りで遊ぶのは危険だ）

構文 〈Playing (in the street)〉 is dangerous.
S V C

Googleの「ストリートビュー」は「通り沿いの風景」を見るサービスです。日本でも大きな通りの看板の下に“～ St.”と書いてありますが、これはstreetのことです。

281

sofa

[sóufə] ソウファ

ソファ

例文 **My father just lies on the sofa in our living room on Sunday.**（日曜日、父はリビングのソファでただ横になっています）

構文 My father just lies (on the sofa [in our living room]) (on Sunday).
S V

英語sofaの発音は「ソウファ」です。lieは「いる・ある・横になる」という意味で、例文の lie {down} on the sofa「ソファで横になる」はよく使われます。

282

hospital

[háspitl] ハスピタル

病院

例文 **I went to the hospital in an ambulance when I broke my leg.**
（私は足を骨折したとき、救急車で病院へ行った）

構文 I went (to the hospital) (in an ambulance) (when I broke my leg).
S V s v o

hospitalは「（入院できる規模の大きな）総合病院」を表します。普段「風邪をひいて病院に行く」と言うときには、doctorや doctor's office「診療所・（小規模な）病院」が適切なことが多いです。

周回Check! 1 ／ 2 ／ 3 ／

283

doctor

[dáktər] ダクタァ

医者

例文 **I am not feeling well. – You should go to the doctor.**
（体調が悪いんだ。— 医者に診てもらったほうがいいよ）

構文 I am not feeling well. – You should go (to the doctor).
S V C S V

語尾は“-er”ではなく“-or”です（actor「俳優」と同じ）。go to the doctorで「医者に行く」→「医者に診てもらいに行く」となります。see a doctor「医師に診てもらう」も重要表現です（seeは「（医者に）会う」→「診てもらう」）。

284

dentist

[déntist] デンティスト

歯科医

例文 **I have a toothache and must go to see a dentist.**
（私は歯が痛いので、歯医者に診てもらいに行かなければならない）

構文 I have a toothache and must go to see a dentist.
S V O V O

歯医者で「デンタルクリニック」と使われます（dentalは「歯の」という意味）。see a dentist「歯医者に診てもらう」は大事な表現です。また、例文のtoothacheは「歯の（tooth）痛み（ache）」です。

285

doll

[dál] ダル

人形

例文 **Barbie is a famous doll from the United States.**
（バービーはアメリカで生まれた有名な人形です）

構文 Barbie is 〈a famous doll [from the United States]〉.
S V C

日本語でも「（模型の）人形の家」のことを「ドールハウス」と言っています。the Doll's Festivalは「ひな人形の祭り」→「ひな祭り」で、日本文化を説明するときに役立ちます。

Review!
□ speech □ picnic □ sofa
□ contest □ street □ hospital

286

place
[pléis] プレイス

場所

例文 **Have you ever been to Hachiko-mae? – Yes, I know that place.**
(今までにハチ公前に行ったことがありますか? — はい、その場所を知っています)

構文 Have you(S) ever been(V) (to Hachiko-mae)? – Yes, I(S) know(V) that place(O).

物理的な「場所」に限らず、first place「1位」のようにも使えます。応用として、「(ある場所に) 置く」という動詞もあります。place an orderは「注文ボタンにマウスを置く」→「注文する」という表現です。

287

people
[pí:pl] ピープル

人々

例文 **People from all over the world come to Japan to see cherry blossoms.** (世界中の人々が桜を見に日本へやって来ます)

構文 〈People [from all over the world]〉(S) come(V) (to Japan) (to see cherry blossoms).

「人々」という意味からもわかるように、peopleは常に複数扱いの名詞です。aや複数の sがつくと、「国民・民族」という違う意味になります。

288

job
[dʒáb] ヂャブ

仕事

例文 **My father's job is teaching Japanese history.**
(私の父の仕事は日本史を教えることです)

構文 My father's job(S) is(V) 〈teaching Japanese history〉(C).

褒め言葉の Good job!「よくやった！」は、本来「良い仕事をした！」ということです。ちなみに、相手の職業を聞くときに What is your job? は少し雑なので、代わりに What do you do (for a living)?「お仕事は何を？」をよく使います。

周回Check! 1 ／ 2 ／ 3 ／

289

hobby

[hɑ́bi] ハビィ

趣味

例文 **My hobby is collecting trading cards.**
（私の趣味はトレーディングカードを集めることです）

構文 My hobby (S) is (V) 〈collecting trading cards (C)〉.

英語のhobbyは「割と本気で時間とお金をかけて行う趣味」に使います。たとえば、切手収集・ガーデニング・スポーツ・読書などはhobbyと言えますが、ネットサーフィンをhobbyと言うのは不自然なんです。

290

river

[rívər] リヴァ

川

例文 **The Amazon is the biggest river in the world, but the Nile is the longest.**（アマゾン川は世界で最も大きい川だが、ナイル川が最も長い）

構文 The Amazon (S) is (V) the biggest river (C) (in the world), but the Nile (S) is (V) the longest (C).

川の近くの施設に「リバー○○」という名前がよくついています（福岡の「リバーウォーク」など）。例文のように“the ～”でも「～川」を表せます。the Amazonは「アマゾン川」、the Nileは「ナイル川」です。

291

sea

[síː] スィー

海

例文 **We went swimming in the sea in Okinawa last summer.**
（私たちはこの前の夏に沖縄の海に泳ぎに行きました）

構文 We (S) went swimming (V) (in the sea [in Okinawa]) (last summer).

動詞see「見る」と間違えないように注意してください（発音は同じ）。go swimming in the sea「海に泳ぎに行く」は重要表現で、（×）go swimming to the seaだと「海まで泳いでいく」という変な意味になってしまいます。

Review!

- □ doctor
- □ dentist
- □ doll
- □ place
- □ people
- □ job

292

lake

[léik] レイク

湖

例文 **Lake Biwa is the biggest lake in Japan.**
(琵琶湖は日本で最も大きな湖だ)

構文 Lake Biwa (S) is (V) the biggest lake (C) (in Japan).

「琵琶湖」は Lake Biwaのように Lakeを先に言います（Biwa Lakeと言わないように）。例文は文法問題でそのまま出てきますので、しっかりチェックしてください。

293

pond

[pánd] パンド

池

例文 **My father keeps some beautiful fish in a pond in our garden.**
(父は庭の池できれいな魚を飼っています)

構文 My father (S) keeps (V) some beautiful fish (O) (in a pond [in our garden]).

ゲームで「ガーデンポンド（庭の池）」と使われることがあります。pondは lake「湖」より小さく、人工的に作られたものによく使います。pound「(重さ・貨幣の単位の) ポンド・£」と混同しないように注意を。

294

idea

[aidíːə] アイディーア

考え
ideal 形 理想的な

例文 **Do you have any good ideas for our group project?**
(私たちのグループプロジェクトに対して、何か良い考えはありますか?)

構文 Do you (S) have (V) 〈any good ideas [for our group project]〉 (O) ?

日本語でも「斬新なアイディア」などと言いますね。アクセントは「アイディーア」のように後ろにきます。I have no idea. は、直訳「私はまったく考えを持っていない」→「さっぱりわからない」という会話表現です。

周回Check! 1 ／ 2 ／ 3 ／

295

magazine

[mǽgəzìːn] マガズィーン

雑誌

例文 **I read that fashion magazine every month.**
（私は毎月あのファッション雑誌を読んでいる）

構文 I read that fashion magazine (every month).
S V O

雑誌のタイトルに「〇〇マガジン」とついていることがあります。英語 magazine の発音は「マガズィーン」です。a weekly magazineは「週刊誌」、a monthly magazineは「月刊誌」です。

296

gentleman

[dʒéntlmən] ヂェントルマン

紳士

例文 **Mr. Kimura is always polite. He is a true gentleman.**
（キムラさんはいつも礼儀正しい。彼は真の紳士です）

構文 Mr. Kimura is always polite. He is a true gentleman.
S V C S V C

「優しい（gentle）男性（man）」→「紳士」です。日本語でも、そのまま「彼はジェントルマンだ」と使われることがあります。

297

lady

[léidi] レイディ

婦人

例文 **We were spoken to by some ladies standing in the street.** （私たちは路上に立っていた数人の女性に話しかけられた）※speak to 人「人に話しかける」の受動態

構文 We were spoken to (by some ladies [standing in the street]).
S V

大統領夫人のことを「ファーストレディ」と言います。ladies and gentlemen「婦人と紳士」→「皆さん」は有名ですが、男女平等や多様なジェンダーへの配慮から、現在では世界中でこの表現の使用をやめる航空会社や交通機関が増えています。

Review!
- □ hobby
- □ river
- □ sea
- □ lake
- □ pond
- □ idea

298

watch

[wátʃ/wɔ́tʃ] ワッチ

腕時計 動 見る

例文 **I always wear a watch on my wrist when I go out.**
（私は出かけるとき、いつも手首に腕時計をします）

構文 I always wear a watch (on my wrist) (when I go out).
S V O s v

watchは「腕時計」で、clockは「壁掛けの時計・置時計」です。wear「着る・身につける」は服に限らず幅広く使うことができ、例文のようにwear a watch「腕時計をつけている」と使えます（watchの動詞用法は551番で扱います）。

299

breakfast

[brékfəst] ブレックファスト

朝食

例文 **Having breakfast every morning is good for our health.**
（朝食を毎朝とることは私たちの健康に良い）

構文 〈Having breakfast every morning〉 is good (for our health).
S V C

本来「眠っている間の断食（fast）を終わりにする（break）ときの最初の食事」という意味です（最近は「軽い断食」を「ファスティング（fasting）」と言います）。「朝食を抜く」はskip breakfastです。

300

lunch

[lʌ́ntʃ] ランチ

昼食

例文 **I'm very hungry. Let's have lunch at that restaurant.**
（とてもおなかがすいたよ。あのレストランで昼食をとろう）

構文 I'm very hungry. Let's have lunch (at that restaurant).
S V C V O

日本でも「ランチにしよう」と言いますね。発音は「ランチ」ですが、つづりはlunchです。lunchboxは「昼食（lunch）が入った箱（box）」→「弁当箱」です。

周回Check! 1 ／ 2 ／ 3 ／

301

dinner

[dínər] ディナァ

夕食

例文 **Our family always has dinner together.**
（私たちの家族はいつも一緒に夕食をとっています）

構文 Our family always has dinner (together).
S: Our family　V: has　O: dinner

have dinner「夕食をとる（食べる）」の形でよく使います（eatは食べる行為を強調するニュアンスで、普段は haveを使うことが多い）。また、breakfast ／ lunch ／ dinnerはすべて、直前に冠詞の aをつけないのが原則です。

302

dish

[díʃ] ディッシュ

皿、料理

例文 **Can you wash the dishes after dinner?**
（夕食後にお皿を洗ってくれない?）

構文 Can you wash the dishes (after dinner)?
S: you　V: wash　O: the dishes

本来は「円（まる）いもの」で、「皿」→「皿に載っている料理」となりました。「メインディッシュ」は「メインの料理」ですね。wash the dishes「皿を洗う」は重要ですし、日本紹介で a dish called *Ozoni*「お雑煮と呼ばれる料理」のようにも使えます。

303

kitchen

[kítʃən] キッチン

台所

例文 **Eiji is in the kitchen to make curry for dinner.**
（エイジは夕食のカレーを作るために台所にいる）

構文 Eiji is (in the kitchen) (to make curry for dinner).
S: Eiji　V: is

日本語でも「キッチン」と言いますね。kitchenというつづりをしっかり書けるようにしておきましょう（間の tが抜けないように）。

Review!

□ magazine　□ lady　□ breakfast
□ gentleman　□ watch　□ lunch

304

cafeteria

[kæfətíəriə] カフェティェリア

食堂

例文 **Takumi is going to meet his girlfriend in the cafeteria.**
（タクミは食堂で彼女と会う予定です）

構文 Takumi (S) is going to meet (V) his girlfriend (O) (in the cafeteria).

おしゃれなカフェではなく「(学校や会社の) 食堂」のことです。company cafeteria なら「社員食堂」です。日本語の「(おしゃれな) カフェ」は caféなので注意してください（フランス語由来で eの上に記号がつきます）。

305

oven

[ʌ́vən] アヴン

オーブン

例文 **It's very hot in this room. It's like an oven.**
（この部屋はとても暑いね。オーブンみたいだよ）

構文 It (S) 's (V) very hot (C) (in this room). It (S) 's (V) like an oven (C).

日本語は「オーブン」ですが、英語の発音は「アヴン」です（発音問題でよく狙われます）。microwave ovenで「電子レンジ」です（microwaveだけでも OK）。

306

dictionary

[díkʃənèri] ディクショネリィ

辞書

例文 **If you don't know this word, you may use your dictionary.**
（もしこの単語を知らないなら、辞書を使ってもいいですよ）

構文 (If you (s) don't know (v) this word (o)), you (S) may use (V) your dictionary (O).

日本語でも「○○ディクショナリー」と使われることがあります。ちなみに「(辞書で) 調べる」は look upで、look up a word in a dictionary「ある単語を辞書で調べる」です（「辞書を見て（look）意味を拾い上げる（up）」イメージ）。

周回Check! 1 ／ 2 ／ 3 ／

307

backpack

[bǽkpæ̀k] バックパック

リュックサック

例文 **He traveled all over Japan only with his backpack.**
（彼はリュックサックだけで日本中を旅行した）

構文 He(S) traveled(V) (all over Japan) (only with his backpack).

「後ろ・背中（back）に背負う袋（pack）」です。最近は日本でも「バックパック」と言うこともありますし、「バックパッカー（backpacker）」＝「大きなカバン1つで、低予算で旅行する人」という言葉も広まっています。

308

bank

[bǽŋk] バンク

銀行、土手

例文 **Haruka got some money from the bank.**
（ハルカは銀行から、いくらかお金を引き出した）

構文 Haruka(S) got(V) some money(O) (from the bank).

道案内の会話問題でよく出ます。日本でも「○○バンク」と使われていますね。発展として「土手」の意味もあり、語源はまったく違う別の単語ですが、無理矢理「銀行を土手に建てる」と覚えてしまいましょう。

309

university

[jùːnəvə́ːrsəti] ユーニヴァースィティ

大学

例文 **After I graduate from high school, I want to go to university.**（私は高校卒業後、大学へ行きたいと思っています）

構文 (After I(s) graduate(v) (from high school)), I(S) want to go(V) (to university).

universe「宇宙・全世界」と関連があり、university「大学」は「教授と学生が作る1つの世界（宇宙）」というイメージです。例文の graduate from ～「～を卒業する」もチェックしておきましょう。

Review!
- □ dinner
- □ dish
- □ kitchen
- □ cafeteria
- □ oven
- □ dictionary

310

college
[kálidʒ] カリッヂ

大学

例文 **After graduating from high school, she entered college.**
(彼女は高校卒業後、大学に入学した)

構文 (After graduating from high school), she(S) entered(V) college(O).

「総合大学」を university、「単科大学」を collegeと言いますが、実際にはあまり区別なしで使われることも多いです（入試でも違いは問われません）。特にアメリカでは、普段は collegeをよく使います（universityはやや改まった感じ）。

311

example
[igzǽmpl] イグザンプル

例

例文 **Carrots, lettuce and potatoes are good examples of vegetables.** (ニンジン、レタス、ジャガイモは野菜のよい例です)

構文 〈Carrots, lettuce and potatoes〉(S) are(V) 〈good examples [of vegetables]〉(C).

日本でも「例」を示すときに ex. とよく表記します。長文で for example「たとえば」は超重要な表現で、後ろには「具体例がくる」と意識してください。難関校では、同じ意味の for instance「たとえば」も出てきます。

312

hour
[áuər] アウァ

時間

例文 **The *shinkansen* goes from Tokyo to Osaka in two and a half hours.** (新幹線は東京から大阪まで2時間半で運行している)

構文 The *shinkansen*(S) goes(V) (from Tokyo to Osaka) (in two and a half hours).

つづりは hで始まりますが、hourの発音は「アウァ」です。「ラッシュアワー (rush hour)」は「みんなが殺到する (rush) 時間 (hour)」ですね。例文の two and a half hoursは「2時間と半分の時間」→「2時間半」です。

周回Check! 1 ／ 2 ／ 3 ／

313

minute

[mínit] ミニット

分

例文 **It takes about 10 minutes to walk to my house from the station.**（駅から私の家まで歩いて約10分かかる）

構文 It takes about 10 minutes 〈to walk (to my house) (from the station)〉.
仮S V O 真S

本来は「小さい」（mini）で、hour「1時間」を小さい時間に分けると minute「分」となります。例文は It takes 時間 to ～「～するのに 時間 がかかる」の形です。会話では、Just a minute.「ちょっと待って」という表現もよく使います。

314

moment

[móumənt] モウメント

瞬間

例文 **The video suddenly stopped for a moment, but then it started again.**（そのビデオは突然、一瞬止まったが、再び動き始めた）

構文 The video suddenly stopped (for a moment), but then it started again.
S V S V

Twitterの「モーメント」とは「今この瞬間、話題のTweetをまとめたもの」です。例文は for a moment「一瞬（の間）」の形です。会話では Just a moment.「ちょっと待って」もよく使います（≒ Just a minute.）。

315

stone

[stóun] ストウン

石

例文 **This wall around the old castle is made of stone.**
（その古い城の壁は石で作られている）

構文 〈This wall [around the old castle]〉 is made of stone.
S V O

漫画・アニメの『Dr. STONE』は、全人類が「石化（せきか）」してしまい、それを化学の知識を使って解決していく話です。また、世界遺産の「ストーンヘンジ（Stonehenge）」は「円形に並んだ巨石が立っている場所」です。

Review!

- □ backpack
- □ bank
- □ university
- □ college
- □ example
- □ hour

316

dollar

[dάlər] ダラー

ドル（アメリカやカナダなどの通貨単位）

例文 **I paid 35 dollars for this bag.**
（私はこのカバンに 35ドル支払った）

構文 I(S) paid(V) 35 dollars(O) (for this bag).

35 dollarsは記号を使って $35と表記することもあります。発音は「ダラー」といった感じです。ちなみにイギリスでは pound「ポンド」（£）が使われます。

317

yen

[jén] イェン

（通貨単位の）円

例文 **This T-shirt cost me 1,500 yen.**
（この Tシャツは 1,500円だった）

構文 This T-shirt(S) cost(V) me(O_1) 1,500 yen(O_2).

dollar「ドル」や pound「ポンド」は複数形になりますが、yenはその前に数字がついても「単数形のまま」使います。例文は cost 人 お金「人 に お金 がかかる」の形で、costが過去形で使われています（costは無変化型の動詞）。

318

kind

[káind] カインド

種類　形 親切な　kindly 副 親切に　kindness 名 やさしさ

例文 **What kind of sandwich would you like? We have egg salad, tuna, and ham and cheese.**（どんな種類のサンドイッチがお好みですか？　卵サラダ、ツナ、ハムチーズがあります）

構文 〈What kind of sandwich〉(O) would you(S) like(V)? We(S) have(V) 〈egg salad, tuna, and ham and cheese〉(O).

名詞は a kind of ～「～の一種」、形容詞は be kind to ～「～に親切にする」の形でよく狙われます。

周回Check!　1 ／　2 ／　3 ／

319

airport

[ɛ́ərpɔ̀ːrt] エアポート

空港

例文 **Many airplanes fly to Narita Airport every day.**
（毎日、多くの飛行機が成田空港へ飛んでいる）

構文 Many airplanes fly (to Narita Airport) (every day).
S V

「空の（air）港（port）」→「空港」となりました。airplaneは「空の（air）板（plane）」→「空を水平に飛ぶ板」→「飛行機」です。fly to ～「～に飛ぶ・～に飛行機で行く」も意外と使いこなせないので、ぜひチェックしておきましょう。

320

police

[pəlíːs] ポリース

警察

police officer 名 警察官
police station 名 警察署

例文 **My bag was stolen, so I called the police.**
（カバンが盗まれたので、私は警察に電話した）

構文 My bag was stolen, so I called the police.
S V S V O

パトカーの車体にもPOLICEと書いてありますし、日本語でも「ポリス」と使われています。policeは「警察」を集合体として捉えるため、複数扱いになります（1人の「警察官」を表す場合はa police officerなど）。

321

diary

[dáiəri] ダイアリィ

日記

例文 **My mother kept a diary when she was in high school.**
（私の母は高校生のとき、日記を毎日書いていた）

構文 My mother kept a diary (when she was (in high school)).
S V O s v

書店で売られている日記帳の表紙に"diary"と書かれていることがあります。keep a diaryで「日記を続ける」→「(継続的に) 日記をつける」です。dairy「乳製品」と混同しないように注意してください。

Review!
□ minute □ stone □ yen
□ moment □ dollar □ kind

322
question
[kwéstʃən] クウェスチョン

質問
動 質問する、疑問に思う

例文 **Mr. Sasaki asked the students a question, but no one knew the answer.**（ササキ先生は生徒に質問したが、誰も答えがわからなかった）

構文 Mr. Sasaki (S) asked (V) the students (O_1) a question (O_2), but no one (S) knew (V) the answer (O).

Q & A「質疑応答」の Qは question、Aは answerのことです。英語の授業で先生が Do you have any questions?「何か質問はありますか？」と言うことがあります。例文は ask 人 a question「人 に質問する」の形です。

323
way
[wéi] ウェイ

道、方法、点

例文 **Do you know the way to Kochi Ryoma Airport from here?**（ここから高知龍馬空港への道を知っていますか?）

構文 Do you (S) know (V) 〈the way [to Kochi Ryoma Airport from here]〉 (O)?

本来「道」で、「道は目的地にたどりつく方法」→「方法」、「道は目的地（一点）を目指すもの」→「点」と覚えましょう。リスニングや道案内の会話問題では、例文のように the way to ～「～への道」の形でよく出ます。

324
weather
[wéðər] ウェザァ

天気、天候

例文 **The weather is perfect for going for a walk. It's sunny, but not too hot.**（天気は散歩に行くのに最適です。晴れていますが、暑すぎません）

構文 The weather (S) is (V) perfect (C) (for going for a walk). It (S) 's (V) sunny (C), but not too hot (C).

「天気予報」を英語で weather reportや weather forecastと言います。reportは「報告」、forecastは「前もって（fore）考えを投げる（cast）」→「予報（する）・予想（する）」です。特にリスニングで「天気」に関する会話はよく出ます。

周回Check! 1 ／ 2 ／ 3 ／

325

sky

[skái] スカイ

空

例文 **There are many clouds in the sky. I think it's going to rain.**（空には雲がたくさん出ている。雨が降ると思うよ）

構文 There are(V) many clouds(S) (in the sky). I(S) think(V) 〈{that}(O) it's(s) going to rain(v)〉.

「スカイブルー」は「空の色のような水色」のことです。例文のように、in the sky「空に」という形でよく使います。高校入試で「天気」や「宇宙・天体」の話は頻出ですし、物語文で「空を見上げる」描写もよく出てきます。

326

cloud

[kláud] クラウド

雲

cloudy 形 曇りの

例文 **The big white cloud is moving slowly across the blue sky.**
（大きな白い雲が青空をゆっくりと横切って移動しています）

構文 〈The big white cloud〉(S) is moving(V) (slowly) (across the blue sky).

パソコンやスマホの「クラウドに保存する」は「雲の上にあるデータ」というイメージです。形容詞 cloudy も It's cloudy.「曇りです」のようによく使います。

327

air

[ɛ́ər] エア

空気、大気

例文 **The air is much cleaner in the mountains than in the city.**
（都市よりも山の中のほうが空気がはるかにきれいだ）

構文 The air(S) is(V) much cleaner(C) (in the mountains) (than in the city).

車の「エアバッグ（airbag）」は「事故のときに瞬間的に袋に空気が入り衝撃を緩和する装置」です。on (the) air「放送中」は、日本語でも「オンエア」と使われていますね。「空気の上を電波が伝わっていく」イメージです。

Review!
- □ airport
- □ police
- □ diary
- □ question
- □ way
- □ weather

328
umbrella
[ʌmbrélə] アンブレラ

傘

例文 **Don't forget to take your umbrella with you. It may rain today.**（傘を持っていくのを忘れないで。今日は雨が降るかもしれないよ）

構文 Don't forget to take (V) your umbrella (O) (with you). It (S) may rain (V) today.

会話問題やリスニングで「天気」の話題が頻出で、例文はそのまま入試によく出ます。身近な単語ですが、open an umbrella「傘をさす」、folding umbrella「折り畳み傘」などは意外とパッと言えないので、ぜひチェックしておきましょう。

329
pilot
[páilət] パイロット

パイロット

例文 **His father is a pilot. He flies to Singapore and Amsterdam every week.**（彼のお父さんはパイロットです。毎週、シンガポールやアムステルダムに飛行機で行っています）

構文 His father (S) is (V) a pilot (C). He (S) flies (V) (to Singapore and Amsterdam) (every week).

「将来の夢」に関する会話問題や、「宇宙」に関する長文問題でよく出る単語です。入試で「パイロット不足」や「女性初のパイロット」の話がよく出題されます。

330
astronaut
[ǽstrənɔ̀ːt] アストロノート

宇宙飛行士

例文 **Astronauts usually stay on the International Space Station for about six months.**（宇宙飛行士はふつう約6カ月間、国際宇宙ステーションに滞在する）

構文 Astronauts (S) usually stay (V) (on the International Space Station) (for about six months).

星の形"*"を「アスタリスク（asterisk）」と言いますが、asterは「星」を表します（マンガ・アニメの『彼方のアストラ』からイメージできるかもしれません）。astronautは「星（astro）へ向けて航行する人（naut）」ということです。

周回Check! 1 ／ 2 ／ 3 ／

331

rocket

[rάkit] ラキット

ロケット

例文 **The jet flew across the sky like a rocket.**
（そのジェット機は、ロケットのように空を横切って飛んでいった）

構文 The jet flew (across the sky) (like a rocket).
S V

「打ち上げ花火・ロケット花火」のことを skyrocketと言います（動詞で「急上昇する」という意味も）。rocketは入試頻出の「宇宙」の話題で登場します。

332

earth

[ə́ːrθ] アース

地球

例文 **It takes one year for the earth to travel around the sun.**
（地球が太陽の周りを回るのに1年かかる）

構文 It takes one year (for the earth) 〈to travel (around the sun)〉.
仮S V O 真S

「地球」という意味では、the earthで使うのが基本です。「地球」は1つしか存在せず、みんなで「共通認識」できますね。全員で一斉に指をさせるものには、aやanではなく theを使います（P.254）。

333

sun

[sʌ́n] サン

太陽

例文 **You should wear a hat because the sun is very strong today.**（今日は陽がとても強いので、帽子をかぶったほうがいいですよ）

構文 You should wear a hat (because the sun is very strong today).
S V O s v c

sunshine・sunlight「日光」や sunrise「日の出」で sunが使われています（日本語でも「サンシャイン」などと言います）。the earth同様、「太陽」も1つしか存在せず共通認識できるため the sunとなります。

Review!
□ sky □ air □ pilot
□ cloud □ umbrella □ astronaut

334
moon
[múːn] ムーン

月

例文 **Japanese people see a rabbit in the moon, but Europeans see a man's face.**（日本人は月にウサギを見るが、ヨーロッパの人は人の顔を見る）

構文 Japanese people (S) see (V) a rabbit (O) (in the moon), but Europeans (S) see (V) a man's face (O).

ダンスの「ムーンウォーク」は「宇宙飛行士が月面を歩く姿をまねた歩き方」です。「月」も共通認識できるので、the moonのように theがつきます。

335
star
[stáːr] スター

星、スター

例文 **We can see lots of stars in the sky at night in Okinawa.**
（沖縄の夜空にはたくさんの星が見える）

構文 We (S) can see (V) lots of stars (O) (in the sky) (at night) (in Okinawa).

「星」→「星のように輝いている人」→「(映画などの) スター」です。starは「1つしか見えない／どの星のことかわかる場合」は（共通認識できるので）the star ですが、複数の星が出ていれば（一斉に指がさせないため）a starとなります。

336
farm
[fáːrm] ファーム

農場
farmer 名 農民、農場経営者

例文 **My grandfather has a large farm and often brings us fresh vegetables.**
（祖父は大きな農場を持っていて、私たちによく新鮮な野菜を持ってきてくれます）

構文 My grandfather (S) has (V) a large farm (O) and often brings (V) us (O_1) fresh vegetables (O_2).

地理で「パイロットファーム」が出てきますが、これは「実験農場」のことです。農場ゲームの名前に「○○ファーム」とついていることも多いですし、北海道のラベンダー畑「ファーム富田」も有名です。

周回Check! 1 ／ 2 ／ 3 ／

337

holiday

[hálədèi] ハリデイ

祝日、休日

例文 **I often play futsal with my friends on my holiday.**
（私は休みの日は友達とよくフットサルをします）

構文 I often play futsal (with my friends) (on my holiday).
S V O

本来「神聖な（holi = holy）日（day）」で、「聖なる日」→「祝日・休日」となりました。a national holidayは「国民の祝日」です。

338

vacation

[veikéiʃən] ヴェイケイション

休暇

例文 **Hayato went bungee jumping in New Zealand on his vacation.**（ハヤトは休暇で、ニュージーランドにバンジージャンプをしに行った）

構文 Hayato went bungee jumping (in New Zealand) (on his vacation).
S V

日本語でも「バケーション（休暇）をとる」と使われています。vacationのvacは「空っぽ」という意味で、「仕事の予定が空っぽ」→「休暇（を過ごす）」となりました。on {one's} vacation「休暇で」は重要表現です。

339

language

[lǽŋgwidʒ] ラングウィッヂ

言語

例文 **Lily speaks three languages: Japanese, English and Chinese.**（リリーは日本語、英語、中国語の3ヵ国語を話す）

構文 Lily speaks 〈three languages : Japanese, English and Chinese〉.
S V O

「ボディーランゲージ」は「身振り手振りを使った言語」です。高校入試では「言語を勉強する」場面が非常によく出ます。learn a foreign languageで「外国語を学ぶ」です。

Review!
- □ rocket
- □ sun
- □ star
- □ earth
- □ moon
- □ farm

340

trip

[tríp] トゥリップ

旅行

例文 **I'm going on a weekend trip to Mito by train.**
（私は週末に電車で水戸に旅行に行く予定だ）

構文 I'm going (on a weekend trip [to Mito]) (by train).
S V

go on a trip to ～／take a trip to ～「～に旅行に行く」の形が重要です（tripに動詞「旅行する」の意味はないため、（×）trip to ～ は NGです）。ちなみに、tripは「旅行」に限らず「（ちょっとした）移動・外出」にも使えます。

341

thing

[θíŋ] シング

こと、もの

例文 **The most important thing to speak English is to practice every day.**（英語を話すのに最も大切なことは、毎日練習することだ）

構文 〈The most important thing [to speak English]〉 is 〈to practice (every day)〉.
S V C

例文の The most important thing to ～ is to ...「～するのに最も大切なことは…することです」の形は、英作文で重宝します。1つめの to ～ は不定詞の形容詞的用法「～するための」、2つめの to ... は名詞的用法「…すること」です。

342

information

[ìnfərméiʃən] インフォメイション

情報

例文 **You can find information about the company on their website.**（ウェブサイトでその会社についての情報を見つけられますよ）

構文 You can find 〈information [about the company]〉 (on their website).
S V O

デパートの「インフォメーションセンター」は店内の「情報」を教える場所です。informationは「目に見えないので数えない」という発想から、冠詞の aや複数の s はつけません。英作文でとてもミスが多いところです。

周回Check! 1 ／ 2 ／ 3 ／

343

volunteer

[vὰləntíər] ヴァランティア

ボランティア

例文 **My mother works at our public library as a volunteer twice a week.**（私の母は公立図書館で週に2回、ボランティアとして働いています）

構文 My mother (S) works (V) (at our public library) (as a volunteer) (twice a week).

日本語と違って volunteerのアクセントは後ろにきます。「（慈善活動の）ボランティア」に限らず、単に「自分から進んでする人」の意味でも使えます。　例：Are there any volunteers for this job?「この仕事を進んで引き受けてくれる人はいない？」

344

toy

[tɔ́i] トイ

おもちゃ

例文 **A *kendama* is a traditional Japanese toy.**（けん玉は伝統的な日本のおもちゃです）

構文 A *kendama* (S) is (V) 〈a traditional Japanese toy〉 (C).

有名なおもちゃ屋さんの「トイザらス」にも使われています。創業者の名前「チャールズ・ラザラス」と、Toys are us.「おもちゃといえば私たち」というメッセージをかけたものだそうです。

345

north

[nɔ́:rθ] ノース

北　副 北へ
northern 形 北の

例文 **Aomori is in the north of Tohoku.**（青森は東北の北に位置する）

構文 Aomori (S) is (V) (in the north of Tohoku).

地図で北を “N” と書きますが、これは northのことです。A is in the north of B「AはBの北部にある」や A is {to the} north of B.「AはBの北にある」は便利な言い回しですよ。　例：Saitama is north of Tokyo.「埼玉は東京の北にある」

Review!
- □ holiday
- □ vacation
- □ language
- □ trip
- □ thing
- □ information

346

south

[sáuθ] サウス

南 副 南へ
southern 形 南の

例文 **Africa is to the south of Europe.**
（アフリカはヨーロッパの南にある）

構文 Africa(S) is(V) (to the south of Europe).

「南アフリカ共和国」は英語でRepublic of South Africaと言います。「韓国」はSouth Koreaです（朝鮮半島の南半分ということ）。例文はAfrica is south of Europe.でも同じ意味になります。

347

east

[íːst] イースト

東 副 東へ
eastern 形 東の

例文 **The sun rises in the east.**
（太陽は東から昇る）

構文 The sun(S) rises(V) (in the east).

例文の「東から」はfrom the eastとミスしがちですが、正しくはinを使います。英語では、方角を「大きな空間」と捉えます。東西南北それぞれに大きな箱が1つずつあって、その箱の「中で」太陽や月が昇ったり沈んだりする感覚なんです。

348

west

[wést] ウェスト

西 副 西へ
western 形 西の

例文 **You have to fly west from Japan to get to China.**
（中国へ行くためには、日本から西へ飛行機で移動しなければならない）

構文 You(S) have to fly(V) (west) (from Japan) (to get to China).

方角を表す単語には名詞と副詞があります。つまり、go to the west「西に行く」（このwestは名詞）以外に、go west（副詞）もOKです。今回の例文では副詞「西へ」で、fly west「西に飛行機で行く」となっていますね。

周回Check! 1 ／ 2 ／ 3 ／

349

problem
[prábləm] プラブレム

問題

例文 **I have a problem with one of my teeth. – You should go to the dentist soon.** (歯(の1本)に問題があるんだ。— すぐに歯医者に行ったほうがいいよ)

構文 I(S) have(V) 〈a problem [with one of my teeth]〉(O). – You(S) should go(V) (to the dentist)(soon).

勉強の「問題」というより、例文のように「トラブル」の意味でよく使います。have a problem「問題がある」、solve a problem「問題を解決する」が頻出です。会話では No problem.「問題ないよ」も頻繁に使われます。

350

part
[pá:rt] パート

部分

例文 **A large part of the temple was damaged by the flood, but the roof was fine.** (そのお寺の大部分が洪水によって被害を受けたが、屋根は大丈夫だった)

構文 〈A large part [of the temple]〉(S) was damaged(V) (by the flood), but the roof(S) was(V) fine(C).

「合唱のパート」は全体の「一部分」ですよね。take part in ～ は、直訳「～の中に(in) 部分を(part) とる(take)」→「全体の一部をとる」→「～に参加する」という重要熟語です。participate in ～「～に参加する」とセットでおさえましょう。

351

plant
[plǽnt] プラント

植物、工場 動 植える

例文 **A cactus is a kind of plant that lives in the desert.**
(サボテンは砂漠で生きる植物の一種です)

構文 A cactus(S) is(V) 〈a kind of plant [that lives in the desert]〉(C).

「プランター(planter)」はベランダなどで「植物を育てる容器」ですね。plantは「植物・植える」→「育てる・作る(場所)」→「工場」という意味もあります。

Review!
- □ volunteer
- □ toy
- □ north
- □ south
- □ east
- □ west

352

power

[páuər] パウワ

力　powerful 形 強力な

例文 **China has become a major economic power in the 21st century.**（中国は21世紀に経済大国となった）

構文 China(S) has become(V) 〈a major economic power〉(C) (in the 21st century).

幅広く「力」という意味で使える単語です。an economic power「経済大国」なら「(経済において) 力を持っている国」ですし、power plant「発電所」は「電力を生み出す工場」ということです（50番）。

353

stamp

[stǽmp] スタンプ

（郵便の）消印、切手

例文 **You need to put stamps on that letter before you post it.**
（その手紙を投函する前に切手を貼る必要がある）

構文 You(S) need to put(V) stamps(O) (on that letter) ([before] you(s) post(v) it(o)).

イギリスで切手の導入前に、郵便物に赤い消印を押して料金の支払いを証明していました。その「消印」がやがて「切手」になったわけです。ちなみに、LINEの「スタンプ」はstampではなくstickerを使います。

354

life

[láif] ライフ

生活、人生、生命、生物

例文 **I have been to Europe twice in my life, but I've never been to America.**（私は人生で2回ヨーロッパへ行ったことがあるが、アメリカへ行ったことはない）

構文 I(S) have been(V) (to Europe) (twice) (in my life), [but] I(S)'ve never been(V) (to America).

全部の意味に「生」という漢字がありますね。複数形はlivesで「ライヴズ」と発音します（「リブズ」と読まないように）。長文では「生命・生物」の意味も大切で、life on the earth「地球上の生命」のように出ます。

周回Check!　1 ／　2 ／　3 ／

355

luck

[lʌ́k] ラック

運

lucky 形 幸運な　luckily 副 幸運にも

例文 **I hope that your team will win the tournament. Good luck!**（あなたのチームが大会で優勝することを願っています。頑張ってね！）

構文 I hope 〈that your team will win the tournament〉. Good luck!
S V O s v o

形容詞 lucky「幸運な」は日本語でも「ラッキー」と言いますね。その名詞形がluckで、Good luck!「幸運を祈っているよ！／頑張ってね！」は会話でよく使う表現です。入試の会話問題でも頻出です。

356

price

[práis] プライス

値段、価格

例文 **The price of this shirt is 5,000 yen.**
（このシャツの価格は5,000円です）

構文 〈The price [of this shirt]〉 is 5,000 yen.
S V C

広告で「スペシャルプライス」と使われています。「値段が高い」にはhighを、「安い」にはlowを使うのが原則です。海外旅行ではWhat is the price of ～?「～の値段はいくらですか？」と使えます。

357

care

[kέər] ケア

世話、注意　動 気にする

例文 **My father likes taking care of the flowers in our garden.**
（私の父は庭で花の世話をするのが好きです）

構文 My father likes 〈taking care of the flowers〉 (in our garden).
S V O

日本語でも「お肌のケアをする」と言ったりします。take care of ～ は、直訳「～の（of）世話（care）をとる（take）」→「～の世話をする」という重要熟語です。動詞で、care for ～「～を大事に思う・～の世話をする」などもよく使います。

Review!
- □ problem
- □ part
- □ plant
- □ power
- □ stamp
- □ life

358

company
[kʌ́mpəni] カンパニィ

会社、仲間

例文 **She started a company with just two people, but now over 100 people work there.**（彼女はたった2人で会社を始めたが、現在では100名以上がそこで働いている）

構文 She(S) started(V) a company(O) (with just two people), but (now) over 100 people(S) work(V) there.

comは「一緒」、panyは「パン」で、「一緒にがんばる場所」→「会社」、「一緒にパンを食べる人」→「仲間」と考えてください。舞台やミュージカルでは「同じ劇に参加する仲間・一座」のことを「カンパニー」とよく言っています。

359

plate
[pléit] プレイト

皿

例文 **We put our food on paper plates at the barbecue.**
（私たちはバーベキューで紙皿に食べ物を載せた）

構文 We(S) put(V) our food(O) (on paper plates) (at the barbecue).

「ワンプレートごはん」とは、主菜も副菜も1つのお皿に盛りつけたものです。スポーツをする人は、筋トレで使う「プレート（お皿のような形の重り）」になじみがあるかもしれません。ちなみに例文のputは過去形です（put - put - put）。

360

grade
[gréid] グレイド

学年、成績

例文 **I'm in sixth grade now, but I will start seventh grade in April.**（私は現在6年生ですが、4月に中学1年生になります）

構文 I(S)'m(V) (in sixth grade) now, but I(S) will start(V) seventh grade(O) (in April).

本来は「段階」（「グレードアップ」と使われている）で、「勉強・学校における段階」→「学年・成績」となりました。アメリカでは学年は通算で数えるので、中学校に進学しても1年生に戻るのではなく、seventh grade（7年生）と表します。

周回Check! 1 ／ 2 ／ 3 ／

361

church
[tʃə́ːrtʃ] チャーチ

教会

例文 **People sing at the church by my house every Sunday.**
（毎週日曜日に、私の家のそばの教会で人々が歌っている）

構文 People sing (at the church [by my house]) (every Sunday).
S V

日本に比べて英語圏で教会は身近な存在で、ヨーロッパに行くと、街中にたくさんあります（観光名所になっている所も多いです）。churchの urのつづりでミスしないように注意してください。

362

culture
[kʌ́ltʃər] カルチャァ

文化
cultural 形 文化の

例文 **Many young people in France like Japanese culture, such as *anime*.**（フランスの若者の多くはアニメのような日本文化が好きです）

構文 〈Many young people [in France]〉 like 〈Japanese culture, [such as *anime*]〉.
S V O

「海外でカルチャーショックを味わった」とは「異文化に触れて衝撃を受けた」ということです。英作文でcultureのつづりを正確に書けるようにしておきましょう。ちなみに「文化の日（11月3日）」は Culture Dayです。

363

mistake
[mistéik] ミステイク

間違い

例文 **I'm sorry, I think I made a mistake. I wanted to call 222-2345.**
（すみません、間違えたと思います。私は 222-2345にかけたかったのです）

構文 I'm sorry, I think 〈{that} I made a mistake〉. I wanted to call 222-2345.
S V C S V O s v o S V O

「ミスして（mis）とる（take）」→「間違い・誤り」です。例文のように make a mistake「間違える・ミスをする」の形でよく使います。日本語では「ミス」と言いますが、missは「～しそこなう」（142番）という別の単語なので注意してください。

Review!
- □ luck
- □ price
- □ care
- □ company
- □ plate
- □ grade

364

bridge

[brídʒ] ブリッヂ

橋

例文 **This bridge is the only place to cross the river near here.**
（この橋はこの近くで川を渡る唯一の場所だ）

構文 This bridge(S) is(V) 〈the only place [to cross the river]〉(C) (near here).

小学校の体育でよくやった「ブリッジ」は「橋」の形からきています。実際の「橋」に限らず、比喩的に「架け橋・橋渡し」という意味でも使えます。a bridge between Japan and the U.S. は「日本とアメリカの架け橋」です。

365

rock

[rák] ラック

岩、（音楽の）ロック

例文 **This mountain is covered with rocks, so be careful.**
（この山は岩で覆われているので、気をつけてください）

構文 This mountain(S) is covered with(V) rocks(O), so be(V) careful(C).

「ロック・クライミング（rock-climbing）」は「岩壁を登る」ことですね。「じゃんけんぽん！」は "Rock, paper, scissors!" で、rock「岩・石」がじゃんけんのグーを表しています。paper「紙」はパー、scissors「ハサミ」がチョキです。

366

sound

[sáund] サウンド

音　動 ～に聞こえる

例文 **I thought I heard a sound.**
（私は何か音が聞こえた気がした）

構文 I(S) thought(V) 〈{that} I(s) heard(v) a sound(o)〉(O).

日本語でも「ゲームサウンド」などと使われています。動詞は sound 形容詞「形容詞 のように聞こえる」の形が重要で、会話で That sounds good.「それは良さそうに聞こえる」→「いいね」とよく使います。

周回Check! 1 ／　2 ／　3 ／

367

beach

[bíːtʃ] ビーチ

砂浜、浜辺

例文 **My friends and I had a barbecue and played volleyball on the beach.** (友達と私は浜辺でバーベキューやバレーボールをした)

構文 〈My friends and I〉 had a barbecue and played volleyball (on the beach).
S V O V O

「ビーチバレー」は「砂浜でするバレーボール」ですね。高校入試では「砂浜で遊ぶ」や「観光地」の話で出るだけでなく、「砂浜でのゴミ拾い」もよく出ます。

368

word

[wə́ːrd] ワード

単語、言葉

例文 **Some French words are hard to say.**
(フランス語の単語には発音するのが難しいものもある)

構文 Some French words are hard (to say).
S V C

「キーワード (key word)」とは「カギとなる重要な (key) 言葉 (word)」です。応用として、keep one's word「自分の言葉をキープする」→「約束を守る」という熟語もあります。

369

map

[mǽp] マップ

地図

例文 **This map shows all of Japan from Hokkaido to Okinawa.**
(この地図は北海道から沖縄まで日本全土が載っている)

構文 This map shows 〈all of Japan [from Hokkaido to Okinawa]〉.
S V O

「Googleマップ」のマップです。on a map「地図で」も大事な表現で、find a hotel on a map「地図でホテルの場所を見つける」のように使います（日本語でも「地図上で」と言いますね）。

Review!
- □ church
- □ culture
- □ mistake
- □ bridge
- □ rock
- □ sound

370

festival

[féstəvəl] フェスティヴァル

祭り

例文 **Have you ever been to the Nebuta festival in Aomori?**
（これまでに青森のねぶた祭りに行ったことがありますか?）

構文 Have you(S) ever been(V) (to the Nebuta festival [in Aomori]) ?

「音楽フェス」は music festivalのことです。sports festivalなら「体育祭・運動会」です（sports dayでも OK）。日本紹介で snow festival「雪祭り」／ fireworks festival「花火大会」／ the Doll's Festival「ひな祭り」なども重宝します。

371

size

[sáiz] サイズ

サイズ、大きさ

例文 **Which size drink would you like, large or small?**
（Lサイズと Sサイズでは、どちらのサイズの飲み物がよろしいでしょうか?）

構文 〈Which size drink〉(O) would you(S) like(V), large or small?

海外で買い物するときに意外と出てこないのが sizeです。bigなんて言わないように注意してください。例文の “Which size + 名詞 ”といった使い方は、高校生や大学生でもできない人が多いのですが、とても便利ですよ。

372

stage

[stéidʒ] ステイヂ

ステージ、段階

例文 **The audience clapped when the pianist walked onto the stage.**（そのピアニストがステージにあがると、お客さんは拍手をした）
※ audience「聴衆」／ clap「拍手する」

構文 The audience(S) clapped(V) (when the pianist(s) walked(v) (onto the stage)).

本来「立っている場所」で、「ステージ・舞台」だけでなく、「現時点で立っている場所」→「段階・時期」という意味も大事です（日本語でも「最終ステージ」などと言いますね）。at the early stageは「初期段階で」です。

周回Check! 1 ／ 2 ／ 3 ／

373
tour
[túər] トゥア / [tɔ́ː] トー

ツアー、旅行
tourist 名 観光客　tourism 名 観光旅行

例文 **We are going on a tour to Spain and Italy this summer.**
（私たちは今年の夏、スペインとイタリアへ旅行に行く予定です）

構文 We(S) are going(V) (on a tour [to Spain and Italy]) (this summer).

日本語では「ツアー」ですが、英語では「トゥア」や「トー」と発音されるので、リスニングできちんと反応できるようにしておきましょう。例文の go on a tour to ～「ツアー旅行で～に行く・～に旅行する」は重要表現です。

374
top
[táp] タップ

頂上
topping 名 トッピング

例文 **There is a TV antenna on the top of that office building.**
（あのオフィスビルの屋上にはテレビのアンテナがあります）

構文 There is(V) a TV antenna(S) (on the top of that office building).

「世界のトップランナー」と言えば、「世界で最上位層のランナー」ですね。例文のように on the top of ～「～の頂上に」の形でよく使います。ちなみに、topping「トッピング」は「食品の頂上に飾りや味付けをのせるもの」です。

375
stadium
[stéidiəm] ステイディアム

競技場

例文 **The crowd cheered when the marathon runners ran into the stadium.**（マラソンランナーが競技場に走り込むと、観客から歓声が上がった）
※ crowd「群衆・観客」／ cheer「歓声を上げる」

構文 The crowd(S) cheered(V) (when the marathon runners(s) ran(v) (into the stadium)).

「スタジアム」はすでに日本語にもなっていますね（英語の発音は「ステイディアム」）。高校入試で「スポーツ」や「オリンピック」の話題でよく出ます。

Review!
- □ beach
- □ word
- □ map
- □ festival
- □ size
- □ stage

376

change

[tʃéindʒ] チェインヂ

変化 動 変化する、変化させる

例文 **I made a few changes to the plan. What do you think?**
(私はその計画を少し変更しました。どう思いますか?)

構文 I (S) made (V) a few changes (O) (to the plan). What (O) do you (S) think (V)?

make a change to ～ は「～に対して(to ～)変化を作る(make a change)」→「～を変更する」です。「お札で出して小銭に変化」→「小銭・お釣り」の意味もあり、海外旅行で Keep the change.「お釣りはとっておいてください」は便利です。

377

chance

[tʃǽns] チャンス

機会、可能性

例文 **Summer vacation is a good chance to travel abroad.**
(夏休みは海外旅行する良い機会だ)

構文 Summer vacation (S) is (V) 〈a good chance [to travel abroad]〉 (C).

「チャンス到来」の意味ではあまり使われず、「機会」や「可能性」の意味が大事です。chance to ～「～する機会」の形でよく使われます(to ～ は不定詞の形容詞的用法)。ちなみに「チャンス」には opportunityを使うことが多いです。

378

title

[táitl] タイトル

タイトル、題名

例文 **I want to read that book you told me about last week. What was the title of the book?** (あなたが先週話していた本が読みたいんだ。その本のタイトルって何だった?)

構文 I (S) want to read (V) 〈that book [{which} you told me about (last week)]〉 (O). What (C) was (V) 〈the title [of the book]〉 (S)?

「本・映画のタイトル」と言いますね。例文の1文目では関係代名詞が省略されており、本来は told me about that book「その本について私に話した」の形です。

周回Check! 1 / 2 / 3 /

379

captain

[kǽptən] キャプテン

キャプテン、船長、機長

例文 **Nana is the captain of the school softball team.**
(ナナは学校のソフトボールチームのキャプテンだ)

構文 Nana (S) is (V) 〈the captain [of the school softball team]〉 (C).

部活の「キャプテン・部長」だけでなく、「船長」や「機長」も表せます。機内アナウンスで、Welcome aboard ～. This is your captain, ○○.「～にご搭乗いただき、ありがとうございます。機長の○○です」と始まることがよくあります。

380

pair

[pέər] ペア

1組、ペア

例文 **Yuina bought a pair of red shoes and a pair of pink socks.** (ユイナは赤い靴1足と、ピンクの靴下を1組買った)

構文 Yuina (S) bought (V) 〈a pair of red shoes and a pair of pink socks〉 (O).

shoes「靴」や socks「靴下」のように「ペア」を前提とする名詞を数えるときは、a pair of ～「1組［対］の～」という形を使います。two pairs of ～「2組［対］の～」では、pairsとする点に注意しましょう。

381

side

[sáid] サイド

側、横

例文 **The doors on the left side of the train will open.**
(電車の左側のドアが開きます)

構文 〈The doors [on the left side of the train]〉 (S) will open (V).

例文は電車の車内アナウンスで使われているので、機会があれば聞いてみてください。on the right side「右側に」、on the left side「左側に」はよく使う表現です。

Review!
- □ tour
- □ top
- □ stadium
- □ change
- □ chance
- □ title

382

suit

[sú:t] スート

スーツ　**動** 似合う

例文 **Some of my teachers wear a suit and tie, but others don't.**
（私の先生たちの中にはスーツとネクタイをする人もいますが、しない先生もいます）

構文 〈Some of my teachers〉(S) wear(V) 〈a suit and tie〉(O), but others(S) don't(V).

本来「そろった」で、「そろった服」→「(仕事で着る) スーツ」となりました。応用として、「(人と服がそろうほど) 似合う」という動詞もあります。
例：That blue suit suits you.「青いスーツがよく似合いますね」

383

suitcase

[sú:tkèis] スートゥケイス

スーツケース

例文 **Daiki packed his clothes in his suitcase and then went to the airport.**（ダイキは服をスーツケースに詰め込み、空港に行った）

構文 Daiki(S) packed(V) his clothes(O) (in his suitcase) and then went(V) (to the airport).

「スーツ (suit) を入れられるほど大きなケース (case)」が suitcaseです。例文は pack 物 in one's suitcase「物 を～のスーツケースに詰める」となっています (pack「詰める」も大切な単語)。

次からは形容詞です。形容詞は
「名詞を修飾する」か「補語になる」
働きです。

周回Check!　1 ／　2 ／　3 ／

384
fast
[fǽst] ファスト

速い 副 速く

例文 **My father's new sports car is very fast.**
(私の父の新しいスポーツカーはとても速い)

構文 〈My father's new sports car〉 is very fast.
S V C

ハンバーガーなどの「ファストフード店」は、商品が出てくるのが「速い」お店のことです。また、遊園地で使われる「ファストパス」とは「長い間待たずにはやく(優先的に)入場できる券」です。

385
slow
[slóu] スロウ

遅い
slowly 副 ゆっくりと

例文 **My computer is really slow. I want a new, faster computer.**
(僕のパソコンはとても遅いんだ。新しくてもっと速いのが欲しいよ)

構文 My computer is really slow. I want 〈a new, faster computer〉.
S V C S V O

「スローモーション」とは「ゆっくりな動き」、野球の「スローボール」は「遅い球」のことです。slow down「遅くする」という熟語も大事で、環境問題に関する長文で slow down climate change「気候変動を遅らせる」と使われます。

386
happy
[hǽpi] ハッピィ

幸せな、うれしい
happily 副 うれしそうに　happiness 名 幸せ

例文 **I am happy that everyone liked my idea.**
(みんなが私の考えを気に入ってくれて、私はうれしいです)

構文 I am happy (that everyone liked my idea).
S V C s v o

hapには「偶然」という意味があります(ハプニングの hapです)。「(幸運に)偶然出会えたらうれしい」と覚えましょう。例文は be happy that ～「～してうれしい」という形です(happyと言った後に、that ～ でその理由を述べる)。

Review!
- □ captain
- □ pair
- □ side
- □ suit
- □ suitcase

387

glad

[glǽd] グラッド

うれしい

例文 **I was glad to see you at the party last week.**
（私は先週パーティーであなたに会えてうれしかったです）

構文 I(S) was(V) glad(C) (to see you (at the party)) (last week).

例文のように be glad to 原形「〜してうれしい」の形でよく使います。gladと言った後、to 〜 でその理由を述べる感覚です。この to 〜 は不定詞の副詞的用法で「感情の原因」を表します。

388

sad

[sǽd] サド

悲しい
sadly 副 悲しげに　sadness 名 悲しみ

例文 **Matthew was sad when he had to say goodbye to his friends.**（マシューは友達にさようならを言わなければならなくて悲しかった）

構文 Matthew(S) was(V) sad(C) (when he(s) had to say(v) goodbye(o) (to his friends)).

happyの逆のイメージです。形容詞に lyがつくと副詞、nessがつくと名詞になります。sadly、sadness以外の単語にも応用できるのでぜひ覚えておいてください。

389

sorry

[sári] サリィ / [sɔ́ːri] ソーリィ

申し訳なく思って、残念だ、気の毒で

例文 **I'm sorry that I didn't call you back sooner.**
（すぐに折り返し電話せずに申し訳ございません）

構文 I(S)'m(V) sorry(C) (that I(s) didn't call(v) you(o) back sooner).

I'm sorry.「ごめんなさい」が有名ですが、sorryは本来「心がヒリヒリ痛むような気持ち」です。たとえば人が亡くなったときには、I'm sorry to hear that.「それを聞いて残念に思います／お気の毒に」と使います。

周回Check! 1 ／　2 ／　3 ／

390
angry
[ǽŋgri] アングリィ

怒っている
anger 名 怒り

例文 **The teacher got angry when I told him the truth.**
(僕が先生に本当のことを言ったとき、先生は怒った)

構文 The teacher got angry (when I told him the truth).
S V C s v o_1 o_2

お題に対して怒る「アングリーゲーム」や、怒りをうまくコントロールする「アンガーマネジメント（anger management）」で使われています。例文は get 形容詞「形容詞 になる」の形で、get angry「怒った状態になる」→「怒る」です。

391
long
[lɔ́:ŋ] ロング

長い

例文 **There is often a long line in front of that popular new ice cream shop.**
(あの人気の新しいアイスクリーム店の前によく長蛇の列ができている)

構文 There is often a long line (in front of that popular new ice cream shop).
V S

物理的に「長い」ときにも、時間が「長い」ときにも使えます。How long ～?「どれくらいの長さ？／どれくらいの間？」という疑問文も大切です。
例：How long have you lived in Japan?「日本にはどのくらい住んでいますか？」

392
tall
[tɔ́:l] トール

（背が）高い

例文 **Many basketball players are tall.**
(多くのバスケットボール選手は背が高い)

構文 Many basketball players are tall.
S V C

カフェで「トールサイズ（大）」と使われますが、カップのサイズが tall ということです。また、背の高い人に合わせた服を「トールサイズ」と言うこともあります。

Review!
- □ fast
- □ slow
- □ happy
- □ glad
- □ sad
- □ sorry

393

short

[ʃɔ́ːrt] ショート

短い、（背が）低い

shortly 副 すぐに、まもなく

例文 **Rabbits have long ears and a short tail.**
（ウサギの耳は長く、しっぽは短い）

構文 Rabbits(S) have(V) 〈long ears and a short tail〉(O).

「ショートヘア」などでおなじみですね。shortsだと「半ズボン・短パン」という意味の名詞になります。I usually wear shorts in the summer.「夏はふだん半ズボンを履きます」です。

394

big

[bíg] ビッグ

大きい

例文 **Everything in America is big : cars, roads, homes. Even dogs are big in America.**
（車、道路、家、アメリカではすべて大きい。アメリカでは犬でさえ大きいのだ）

構文 〈Everything [in America]〉(S) is(V) big(C) : cars, roads, homes. Even dogs(S) are(V) big(C) (in America).

物理的に「大きい」場合に限らず、a big problem「大問題」のように「程度が大きい」場合にも使えます。比較級は bigger、最上級は biggestです（gを重ねる）。

395

small

[smɔ́ːl] スモール

小さい

例文 **This sports car is too small for all of us. Only two people can get in it.**
（このスポーツカーは私たち全員にとっては小さすぎます。2人しか乗れません）

構文 This sports car(S) is(V) too small(C) (for all of us). Only two people(S) can get(V) (in it).

「Sサイズ」の Sは smallのことです。また、アトラクションや歌で「イッツ・ア・スモールワールド」と使われています（「小さな世界」という意味）。

周回Check! 1 ／ 2 ／ 3 ／

396

large

[lá:rdʒ] ラージ

大きい

例文 **Could I have small French fries and a large cola, please?**
（スモールサイズのフライドポテトと、ラージサイズのコーラを頂けますか？）

構文 Could I(S) have(V) 〈small French fries and a large cola〉(O), please?

Sサイズの反対は「Lサイズ」（large）ですね（ちなみに littleの反対が bigです）。a large number of ～「たくさんの（数の）～」、a large amount of ～「かなりの（量の）～」の形もチェックしておきましょう。

397

wide

[wáid] ワイド

（幅の）広い

例文 **This wide highway goes from San Francisco to New York City.**
（この広い高速道路は、サンフランシスコからニューヨークまでつながっている）

構文 This wide highway(S) goes(V) (from San Francisco to New York City).

「ワイドパンツ」は「裾の幅が広いズボン」、「ワイドモニター」は「画面の横幅が広いモニター」です。a wide street「広い通り」から、wideの「幅が広い」という感覚をイメージしておきましょう。

398

narrow

[nǽrou] ナロウ

（幅の）狭い

例文 **This street is too narrow for this bus to pass through.**
（この通りはバスが通り過ぎるには細すぎる）

構文 This street(S) is(V) too narrow(C) ((for this bus) to pass through).

wideの反対で、あくまで「幅が狭い」という意味です。「狭い部屋」は a small roomが適切で、a narrow roomだと「細長い部屋」になってしまうんです。small「サイズが小さい（狭い）」と narrow「幅が狭い（細い）」をきちんと区別しましょう。

Review!
□ angry　□ tall　□ big
□ long　□ short　□ small

399

rich

[rítʃ] リッチ

裕福な

例文 **He studied, worked hard and became rich.**
（彼は勉強して、一生懸命働き、お金持ちになった）

構文 He studied, worked hard and became rich.
S V V V C

日本語でも「リッチな人」と使われています。richは金銭的な豊かさだけでなく、様々な「豊かさ」に使えます。be rich in ～「～において豊富だ」→「～が豊富だ」です。例：This country is rich in natural resources.「この国は天然資源が豊富だ」

400

poor

[púər] プア

貧しい、かわいそうな

例文 **He was poor, so he didn't have enough money to buy new clothes.**
（彼は貧しかったので、新しい服を買うためのお金を十分に持っていなかった）

構文 He was poor, so he didn't have 〈enough money [to buy new clothes]〉.
S V C S V O

本来「乏しい」で、「お金が乏しい」→「貧しい」、「幸せが乏しい」→「かわいそうな」となりました。be poor at ～ は「～において（at）スキルが乏しい（be poor）」→「～が苦手だ」という熟語です（≒ be not good at ～・be bad at ～）。

401

busy

[bízi] ビズィ

忙しい、にぎやかな

例文 **Many students were busy doing their homework in the library at lunch time.**（多くの学生は昼休みに図書館で宿題をするのに忙しかった）

構文 Many students were busy (doing their homework) (in the library) (at lunch time).
S V C

例文のようにbe busy -ing「～するのに忙しい」の形が重要です。また、be busy with ～「～に関して（with）忙しい」→「～で忙しい」の形もよく使います。例：Bill is busy with his homework.「ビルは宿題で忙しい」

周回Check! 1 ／ 2 ／ 3 ／

402

free

[fríː] フリー

自由な、暇な、無料の

freedom 名 自由

例文 **Are you free this weekend? If you have time, let's see a movie together.**（今週末って暇？　もし時間があるなら、一緒に映画を見に行こうよ）

構文 Are(V) you(S) free(C) (this weekend)? (If you(s) have(v) time(o)), let's see(V) a movie(O) (together).

本来は「ない」で、「束縛がない」→「自由な」、「予定がない」→「暇な」、「支払う必要のない・お金がかからない」→「無料の」となりました。smoke-freeは「自由に煙草を吸っていい」ではなく、「煙がない」→「禁煙の」を表します。

403

easy

[íːzi] イーズィ

簡単な、易しい

easily 副 簡単に

例文 **The teacher's question was very easy. All the students could answer it.**（その先生の質問はとても簡単だった。生徒全員がそれに答えることができた）

構文 The teacher's question(S) was(V) very easy(C). All the students(S) could answer(V) it(O).

ゲームで「イージーモード（難易度が低い簡単なモード）」と使われています。英語 easyの発音は「イーズィ」です。

404

difficult

[dífikʌ̀lt] ディフィカルト

難しい

difficulty 名 難しさ、困難

例文 **Our teacher asked us a difficult question, and no one knew the answer.**（先生は私たちに難しい質問をして、誰もその答えがわからなかった）

構文 Our teacher(S) asked(V) us(O_1) a difficult question(O_2), and no one(S) knew(V) the answer(O).

easyの逆が difficultや hard（488番）です。仮主語構文で、It is difficult {for 人} to ～「(人が) ～するのは難しい」の形でもよく使われます。
例：It's difficult for him to wake up early.「彼にとって早起きするのは難しい」

Review!

- □ large
- □ wide
- □ narrow
- □ rich
- □ poor
- □ busy

405

same

[séim] セイム

同じ

例文 **I was really surprised to find out that you and I have the same birthday.**（君と僕が同じ誕生日だと知って本当に驚いたよ）

構文 I(S) was(V) really surprised(C) (to find out 〈that 〈you and I(s)〉 have(v) the same birthday(o)〉).

「同じもの」は共通認識できる（みんなで一斉に指をさせる）ので、the same ～「同じ～」と theがつきます。at the same time「同時に」という熟語も大切です。

406

different

[dífərənt] ディファレント

違った、様々な

difference 名 違い　differ 動 異なる

例文 **Many people think humans are very different from animals.**（多くの人は、人間は動物と大きく異なると考えている）

構文 Many people(S) think(V) 〈{that}(O) humans(s) are(v) very different(c) (from animals)〉.

be different from ～「～と異なっている」という熟語が狙われます。fromは「出発点」→「分離」→「区別（～と区別して・異なって）」の用法です（569番）。

407

cold

[kóuld] コウルド

冷たい、寒い

例文 **It is cold outside in December, so I always wear a warm jacket.**（12月は外が寒いので、僕はいつも暖かいジャケットを着ています）

構文 It(S) is(V) cold(C) (outside) (in December), so I(S) always wear(V) a warm jacket(O).

飲み物の自販機で「冷たい飲み物」は"COLD"と表示されています。例文のように Itを主語にして気温・天候も表せます。

周回Check! 1 ／　2 ／　3 ／

408 **hot**

[hát] ハット

暑い、熱い

例文 **Don't touch that pot. It's hot!**
(その鍋に触ってはいけません。熱いですよ!)

構文 Don't touch that pot. It's hot!
V O S V C

「温かい飲み物」を「ホットドリンク」と言いますね。飲み物だけでなく気温にもhotを使えます。日本の天候を説明するときに、hod and humid「高温多湿」は便利な表現です(humidは「湿気のある」)。

409 **cool**

[kú:l] クール

涼しい

例文 **It's hot in the sun, but it's cool and nice under this tree.**
(太陽の下は暑いが、この木の下は涼しくて心地よい)

構文 It's hot (in the sun), but It's cool and nice (under this tree).
S V C S V C

夏になると多くの会社で「クールビズ(涼しく快適に過ごすために軽装になること)」が実施されています。会話ではIt's cool.「かっこいいね」のようにも使います。

410 **warm**

[wɔ́:rm] ウォーム

暖かい

例文 **The room is cold, but it is warm and nice under the *kotatsu*.** (部屋は寒いが、こたつの中は暖かくて心地よい)

構文 The room is cold, but it is warm and nice (under the *kotatsu*).
S V C S V C

「ウォーミングアップ」は「準備運動をして体をあたためる」ことです。天気の話題はリスニングでも頻出なので、しっかり聞き取れるようにしておきましょう。また、環境問題に関する長文ではglobal warming「地球温暖化」が必須です(46番)。

Review!

- □ free
- □ easy
- □ difficult
- □ same
- □ different
- □ cold

411
pretty
[príti] プリティ

かわいい
副 かなり、まあまあ

例文 **Nanami is the prettiest girl in the school.**
(ナナミは学校で一番かわいい女の子だ)

構文 Nanami (S) is (V) the prettiest girl (C) (in the school).

prettyというつづり（tが2つ）に注意しましょう。形容詞「かわいい」だけでなく、そのプラスの意味から発展した「かなり・まあまあ・けっこう」という意味の副詞もあります。　例：I'm pretty busy next week.「来週はけっこう忙しいよ」

412
cute
[kjú:t] キュート

かわいい

例文 **This dress is very cute. Can I try it on?**
(このドレスはとてもかわいいわ。試着してもいい?)

構文 This dress (S) is (V) very cute (C). Can I (S) try (V) it (O) on?

日本語でも「キュート」と使われていますね。cuteは「小さくてかわいい」というニュアンスで、「子ども・動物・服」などに使います。

413
old
[óuld] オウルド

古い、年をとった

例文 **There are many old temples in Nara.**
(奈良には古いお寺がたくさんあります)

構文 There are (V) many old temples (S) (in Nara).

発音は「オールド」ではなく「オウルド」です。「高齢者」を old peopleと言ってしまいがちですが、これは「年老いた人」という感じで直接的すぎるので避けたほうがよいでしょう。代わりに elderly people「高齢者」をよく使います。

周回Check! 1 ／ 2 ／ 3 ／

□414

new
[njúː] ニュー / [núː] ヌー | 新しい

例文 That band's new song is No.1 on the music charts now.
（そのバンドの新曲は今、音楽チャートで1位です）

構文 〈That band's new song〉 is No.1 (on the music charts) (now).
　　　　　S　　　　　　　　　　V　　C

意味は簡単ですが、実は「今までとは違う」ことを強調し、リスニングや長文で解答のキーになることが多い重要単語です。発音は「ニュー」も当然OKですが、「ヌー」と発音されることも想像以上に多いです。

□415

young
[jʌ́ŋ] ヤング | 若い

例文 My grandfather looks young for his age.
（私の祖父は年齢のわりに若く見えます）

構文 My grandfather looks young (for his age).
　　　　S　　　　　　V　　　C

つづりは young なので注意しましょう。例文のように look young「若く見える」の形でよく使います。ちなみに、例文の for one's age は「年齢のわりに」という表現です（P.219）。

□416

fine
[fáin] ファイン | よい、すてきな、晴れた、元気な

例文 The weather is fine today. We should go to the park.
（今日はいい天気だね。公園へ行こうよ）

構文 The weather is fine today. We should go (to the park).
　　　　S　　　　　V　C　　　　S　　　V

I'm fine.「私は元気です」で有名ですが、例文のように「天気」にも使えます。発展として、名詞で「罰金」という意味もあります。本来は「最後の」で（finish「終える」と語源が同じ）、「最後に締めるもの」→「罰金」となりました。

Review!
□ hot　　　□ warm　　　□ cute
□ cool　　□ pretty　　□ old

417
nice
[náis] ナイス

よい、すてきな、優しい

例文 **Wow! This is a really nice present. I love it.**
（あら！　本当にすてきなプレゼントね。気に入ったわ）

構文 Wow! This(S) is(V) 〈a really nice present(C)〉. I(S) love(V) it(O).

Nice to meet you.「はじめまして」は、本来「あなたに会えてよかったです」ということです。「性格がよい」→「優しい」という意味もあり、It's nice of you to ～で「～するなんてあなたは優しい・～してくれてありがとう」となります。

418
good
[gúd] グッド

よい、上手な

例文 **Paul is very good at handball because he practices every day.**（ポールは毎日練習しているので、ハンドボールがとても上手だ）

構文 Paul(S) is very good at(V) handball(O) (because he(s) practices(v) (every day)).

be good at ～「～の一点において（at）～が上手だ（be good）」→「～が得意だ」という熟語で狙われます。Good job!「よくやった！」、How are you? — I'm good.「調子はどう？―良いよ」など、会話でも本当によく使う単語です。

419
great
[gréit] グレイト

すばらしい、偉大な

例文 **Your plan sounds great. Tell me more about it.**
（あなたの計画はすばらしいよ。もっと教えて）

構文 Your plan(S) sounds(V) great(C). Tell(V) me(O_1) more(O_2) [about it].

元々は「大きい」で、そこから「(大きくて) すばらしい」「偉大な」となりました。例文は sound 形容詞「形容詞 のように聞こえる」の形で、That sounds great. なら「それはすばらしそうに聞こえる」→「いいね」となります。

周回Check!　1 ／　2 ／　3 ／

420

wonderful

[wʌ́ndərfl] ワンダフル

すばらしい

例文 **I had a wonderful time on our date. Please invite me again.**（僕はデートですばらしい時間を過ごしました。また誘ってください）

構文 I had a wonderful time (on our date). Please invite me (again).
S V O / V O

「不思議（wonder）なほどすごいことがいっぱい（full）」→「すばらしい」です。have a good time「良い時間を過ごす・楽しく過ごす」、have a great[wonderful] time「すばらしい時間を過ごす・とても楽しく過ごす」はよく使います。

421

bad

[bǽd] バッド

悪い

badly 副 ひどく、とても

例文 **The weather is going to be bad tomorrow, so we have to stay home.**（明日の天気は悪くなりそうなので、私たちは家にいなければなりません）

構文 The weather is going to be bad (tomorrow), so we have to stay (home).
S V C / S V

be bad at ～ で「～の一点において（at）悪い（be bad）」→「～が下手だ」です。また、go bad「悪くなる」という熟語も大切です。go 形容詞「形容詞 になる」の形で、悪い方向への変化によく使われるんです（544番）。

422

tired

[táiərd] タイアド

疲れた

tiring 形 疲れさせる、退屈な

例文 **My teammates and I are tired after practicing soccer for three hours.**（チームメートと私はサッカーの練習を3時間して疲れている）

構文 〈My teammates and I〉 are tired (after practicing soccer (for three hours)).
S V C

tireは本来「疲れさせる」という意味の動詞で、be tiredで「疲れさせられた」→「疲れた」となります。tried（tryの過去形・過去分詞形）と見間違えないように注意してください。

Review!
- ☐ new
- ☐ young
- ☐ fine
- ☐ nice
- ☐ good
- ☐ great

423

interesting

[íntərəstiŋ] インタレスティング

興味深い、面白い

例文 **I am reading an interesting book about a woman who speaks ten languages.** (私は10ヵ国語を話す女性についての興味深い本を読んでいるところだ)

構文 I (S) am reading (V) 〈an interesting book [about a woman [who speaks ten languages]]〉 (O).

interestは本来「興味を持たせる」で、interestingは「興味を持たせるような」→「興味深い」です。「あ、これ好き」「もっと知りたい・やってみたい」という気持ちにさせるイメージです。ゲラゲラ笑う面白さには funny「面白い」を使います。

424

interested

[íntərəstid] インタレスティッド

興味を持った

例文 **Sarah is interested in Japanese history. She has read a lot about Nara.** (サラは日本の歴史に興味がある。彼女は奈良についてたくさん読んできた)

構文 Sarah (S) is interested in (V) Japanese history (O). She (S) has read (V) 〈a lot [about Nara]〉 (O).

本来は interest「興味を持たせる」の過去分詞形です。be interested in ～ で、直訳「～に興味を持たされた」→「～に興味がある」となります。

425

important

[impɔ́ːrtənt] インポータント

重要な

importance 名 重要性

例文 **Please listen carefully because I have some important information to give you.** (みなさんに伝えるべき重要なお知らせがありますので、しっかり聞いてください)

構文 Please listen (V) (carefully)(because I (s) have (v) 〈some important information [to give you]〉 (o)).

長文で importantが使われていたら、当然「重要な情報」、つまり「主張」(設問で狙われやすい内容) になります。しっかり反応できるようにしておきましょう。

周回Check! 1 ／ 2 ／ 3 ／

426
favorite
[féivərit] フェイヴァリット

大好きな、一番好きな

例文 **The Beatles are my favorite rock band, but I like the Rolling Stones, too.** (ビートルズは僕の一番好きなロックバンドですが、ローリングストーンズも好きです)

構文 The Beatles(S) are(V) 〈my favorite rock band〉(C), but I(S) like(V) 〈the Rolling Stones〉(O), too.

「お気に入りの」と訳されることが多いですが、厳密には「一番のお気に入り」に使われます。favoriteに「一番」という最上級の意味が含まれるので、(×) most favoriteとは言いません。

427
popular
[pápjulər] パピュラァ

人気のある
popularity 名 人気

例文 **That TV show is really popular. Everyone in my class watches it.** (そのテレビ番組は本当に人気がある。クラスのみんながそれを見ている)

構文 That TV show(S) is(V) really popular(C). 〈Everyone [in my class]〉(S) watches(V) it(O).

日本語でも「ポピュラーな曲」のように使われています。本来「広く浸透した」で、「人気がある・モテる・一般的な」といった幅広い意味で使える単語です。

428
famous
[féiməs] フェイマス

有名な

例文 **Dr. Yamanaka is a famous Japanese scientist who won the Nobel Prize.** (山中教授はノーベル賞を受賞した有名な日本人科学者です)

構文 Dr. Yamanaka(S) is(V) 〈a famous Japanese scientist [who won the Nobel Prize]〉(C).

famousというつづりに注意しましょう。be famous for ～「～で有名だ」という熟語も大切です(forは「理由」を表す)。以下のように日本紹介でも重宝しますよ。
例：Atami is famous for its hot springs.「熱海は温泉で有名です」

Review!
- □ wonderful
- □ bad
- □ tired
- □ interesting
- □ interested
- □ important

429

beautiful

[bjúːtəfl] ビューティフル

美しい

beauty 名 美

例文 **The sky is clear, and the full moon looks beautiful tonight.**（空は澄んでいて、今夜は満月が美しく見える）

構文 The sky (S) is (V) clear (C), and the full moon (S) looks (V) beautiful (C) tonight.

「美しさ（beauty）がいっぱいの（full）」→「美しい」です。a beautiful lady「美しい女性」だけでなく、「子ども・声・動物」や例文のように「景色・天気」など幅広いものに使えます。

430

high

[hái] ハイ

高い

height 名 高さ

例文 **Prices of almost everything are high in the city. Things are cheaper in the countryside.**
（都会ではほとんどすべての物の値段が高い。田舎のほうが物価が安い）

構文 〈Prices [of almost everything]〉(S) are (V) high (C) (in the city). Things (S) are (V) cheaper (C) (in the countryside).

「ハイスコア」とは「高得点」のことです（highのghは発音しません）。名詞height「高さ」は「ヘイト」ではなく「ハイト」という発音です。

431

low

[lóu] ロウ

低い、安い

例文 **I decided to buy this bicycle because the price was low.**
（値段が安かったので、私はこの自転車を買うことに決めた）

構文 I (S) decided to buy (V) this bicycle (O) (because the price (s) was (v) low (c)).

highの反対がlowで、「ローカロリー（カロリーが低い）」や「ローキック（下段蹴り）」で使われていますね。「値段（price）が高い・低い」と言いたいときは、high・lowを使うのが原則です。

432

expensive

[ikspénsiv] イクスペンスィヴ

高価な

例文 **That watch looks expensive. Was it made in Switzerland?**
（その腕時計は高そうですね。スイス製ですか?）

構文 That watch (S) looks (V) expensive (C). Was it (S) made (V) (in Switzerland)?

expensの部分は spend「費やす」(144番) と関係があり、「外へ (ex) 費やす」→「(多くの) 費用がかかる・高価な」となります。expensive自体に「値段が高い」という意味が含まれるので、(×) an expensive priceは NGです (highを使います)。

433

cheap

[tʃíːp] チープ

安い

例文 **These pens were really cheap. I got ten for 100 yen.**
（このペンは本当に安かった。10本100円で買ったよ）

構文 These pens (S) were (V) really cheap (C). I (S) got (V) ten (O) (for 100 yen).

cheapは単に「安い」というだけでなく、「安っぽい」というニュアンスもあります。日本語でも「チープな曲」「チープな感じのテーブル」と言いますね。

434

left

[léft] レフト

左の 副 左に 名 左

例文 **Most baseball players wear their glove on their left hand.**
（大半の野球選手は左手にグローブをする）

構文 Most baseball players (S) wear (V) their glove (O) (on their left hand).

よくヘッドホンやイヤホンに“L”と示されていますが、それは left「左 (耳用)」のことです。leftは名詞も副詞もあり、「左に曲がる」は turn to the left (名詞) と turn left (副詞) のどちらも OKです。

Review!
- □ favorite
- □ popular
- □ famous
- □ beautiful
- □ high
- □ low

435
right
[ráit] ライト

右の、正しい
副 右に　名 右、権利

例文 **Most people write with their right hand.**
（ほとんどの人は右手で書きます）

構文 Most people (S) write (V) (with their right hand).

聖書などに「知恵者の心は右にあり」という表現があり、「右」→「正しい」という発想です。道案内で Turn right.「右に曲がってください」、日常会話で That's right.「それは正しい」→「その通り」とよく使われます。

436
many
[méni] メニィ

たくさんの

例文 **Many people visit their hometowns in August.**
（多くの人々が8月に故郷を訪れる）

構文 Many people (S) visit (V) their hometowns (O) (in August).

後ろには数えられる名詞（複数形）がきます。例文の peopleには複数の sはついていませんが、peopleという単語自体が「複数の人々」を表す名詞です。元々が複数なので、そこにあえて複数の sはつけません（324番）。

437
much
[mʌ́tʃ] マッチ

たくさんの

例文 **The government hasn't spent much money on making roads and bridges safer.**（政府はあまり多くのお金を道路や橋をより安全にするために使っていない）

構文 The government (S) hasn't spent (V) much money (O) (on making roads and bridges safer).

many「数が多い」に対して、muchは「量が多い」という意味で、後ろには数えられない名詞がきます。例文の money「お金」（210番）は数えられない名詞ですね。

周回Check!　1 ／　2 ／　3 ／

438

few
[fjúː] フュー

(a few ～ で) 少しの～、
(few ～ で) ほとんど～ない

例文 **Few members wanted to stay, so we all agreed to go home.** (泊まりたいという人はほとんどいなかったので、私たちは帰宅することで全員意見が一致した)

構文 Few members [S] wanted to stay [V], so we [S] all agreed to go [V] (home).

a few ～「少しの～」と、few ～「ほとんど～ない」の使い分けが入試で狙われます。manyと同じように、数えられる名詞に使います(例文は直後に複数形 members がきていますね)。

439

little
[lítl] リトル

(a little ～ で) 少しの～、
(little ～ で) ほとんど～ない

例文 **I was thirsty, and there was a little water in the bottle, so I drank it.** (私はのどが渇き、ボトルには水が少しあったので、それを飲んだ)

構文 I [S] was [V] thirsty [C], and there was [V] a little water [S] (in the bottle), so I [S] drank [V] it [O].

a little ～ は「少しの～」という肯定的な意味ですが、little ～ は「ほとんど～ない」という否定的な意味です。「数」ではなく「量」に使います(例文の waterは数えられない名詞です)。

440

no
[nóu] ノウ

1つも[まったく]～ない
副 いいえ

例文 **There are no supermarkets near here. It's really inconvenient.** (このあたりはスーパーがまったくない。本当に不便だ)

構文 There are [V] no supermarkets [S] (near here). It [S]'s [V] really inconvenient [C].

"no + 名詞" は、直訳すると「ゼロ個の 名詞 」ですが、「1つも～ない・まったく～ない・どんなことも～ない」と考えると自然に理解できることが多いです。例文も「ゼロ個のスーパーがある」ではなく「スーパーがまったくない」が自然ですね。

Review!
- □ expensive
- □ cheap
- □ left
- □ right
- □ many
- □ much

441
every
[évri] エヴリィ

どの～も、毎～

例文 **Every student at this school has their own locker.**
（この学校では、どの生徒も自分のロッカーを持っています）

構文 〈Every student [at this school]〉(S) has(V) their own locker(O).

「それぞれ1つ1つ」にフォーカスを当てた単語なので、「単数扱い」するのがポイントです。有名な every day「毎日」の dayも単数ですね。例文は Every直後の studentが単数形で、動詞は単数を受ける hasになっています。

442
dangerous
[déindʒərəs] デインヂャラス

危険な
danger 名 危険

例文 **Driving too fast in the rain is dangerous.**
（雨の中、スピードを出しすぎて運転するのは危険だ）

構文 〈Driving too fast (in the rain)〉(S) is(V) dangerous(C).

場所・物質・治安など様々なものに対して使われます。仮主語構文の It is dangerous {for 人} to ～「(人が) ～するのは危険だ」の形も重要です。
例：It's dangerous to go into the mountains at night.「夜に山に入るのは危険だ」

443
safe
[séif] セイフ

安全な、無事な 名 金庫
safety 名 安全 safely 副 安全に

例文 **The government says nuclear power is safe. What do you think?**（政府は原子力は安全だと言っています。あなたはどう思いますか?）

構文 The government(S) says(V) 〈{that}(O) nuclear power(s) is(v) safe(c)〉. What(O) do you(S) think(V)?

野球の「セーフ」とは本来「安全な状態（その塁にいてもよい）」ということです（英語の発音は「セイフ」）。難関校を目指す方は、「お金を安全に保管できる場所」→「金庫」という名詞もチェックを（難関校の語彙問題で出題済みです）。

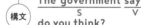

周回Check! 1 ／ 2 ／ 3 ／

444
light
[láit] ライト

明るい、軽い　名 明かり、光

例文 **This box is very light. I think it must be empty.**
（この箱はとても軽い。きっと中身は空っぽだと思います）

構文 This box is very light. I think 〈{that} it must be empty〉.
S V C S V O s v c

「明るい」は「ライト（光）」から簡単ですね。「軽い」と「明るい」は別の語源で、つづりが一緒なのはたまたまなんです。ちなみにlightには「色が薄い」の意味もあり、a light blueで「薄い青」→「水色」となります。

445
dark
[dá:rk] ダーク

暗い
darkness 名 暗さ

例文 **Could you please turn on a light? It's dark in this room.**
（電気をつけていただけませんか？　この部屋は暗いです）

構文 Could you please turn on a light? It's dark (in this room).
S V O S V C

スマホの「ダークモード」は「画面を暗くするモード」です。darkは「（光がなくて）暗い」に限らず、「表情が暗い・色が濃い・情勢が暗い」などにも使えます。a girl with dark eyesなら「黒い瞳の少女」です。

446
strong
[strɔ́:ŋ] ストローング

強い

例文 **Koji is strong. Let's ask him to help us move these boxes.**
（コウジは力持ちだ。彼にこれらの箱を移動させるのを手伝ってもらうように頼んでみよう）

構文 Koji is strong. Let's ask him to help us move these boxes.
S V C V O C

「濃いコーヒー」をstrong coffeeと言います。「コーヒーの成分が強い」と考えてください。例文の2文目はask 人 to ～「人 に～するよう頼む」の形で、その後ろはhelp 人 原形「人 が～するのを手伝う」です。

Review!
- □ few
- □ little
- □ no
- □ every
- □ dangerous
- □ safe

447

sick

[sík] スィック

病気の

sickness 名 病気

例文 **My grandmother is sick in the hospital.**
（祖母は病気で入院しています）

構文 My grandmother(S) is(V) sick(C) (in the hospital).

「ホームシック」とは「故郷から離れて、慣れない環境になじめず憂鬱になる病気のような状態」です。sickは必ずしも大きな「病気」とは限らず、「気分が悪い・吐き気がする・風邪」程度にも使います。

448

ill

[íl] イル

病気の

illness 名 病気

例文 **Kana caught a cold yesterday. She must be ill in bed today.**
（カナは昨日風邪をひいた。彼女は今日、具合が悪くて寝ているに違いない）

構文 Kana(S) caught(V) a cold(O) (yesterday). She(S) must be(V) ill(C) (in bed) (today).

be ill[sick] in bedで「病気で寝ている」という意味です。「具合が悪い」はI'm feeling ill[sick]. やI'm not feeling well. と表します。例文（1文目）のcatch a coldは「風邪をキャッチする」→「風邪をひく」です。

449

foreign

[fɔ́:rən] フォーリン

外国の

foreigner 名 外国人

例文 **I've never been to foreign countries, such as Brazil and Mexico.**（私はブラジルやメキシコのような外国に行ったことがない）

構文 I(S)'ve never been(V) (to foreign countries, [such as Brazil and Mexico]).

foreignのgは発音しません。a foreign country「外国」、a foreign language「外国語」のように使います。ちなみに、foreigner「外国人」という単語は差別的・排他的な響きを持つ場合があるので、自分で使うのは避けたほうが無難でしょう。

450

strange

[stréindʒ] ストレインヂ

見知らぬ、奇妙な
stranger 名 見知らぬ人

例文 **Can you hear a strange sound outside? I wonder what that is.** (外のあの奇妙な音、聞こえる？ あれは何だろう)

構文 Can you(S) hear(V) a strange sound(O) (outside)? I(S) wonder(V) 〈what that is〉(O).

道案内の会話問題では、I'm a stranger here.「私はここでは見知らぬ人です」→「このあたりはよく知りません」という表現が出ます。ちなみに実際の会話では、同じ意味の表現として I'm not from around here. もよく使います。

451

thirsty

[θə́ːrsti] サースティ

のどが渇いた

例文 **It's so hot today. I'm thirsty. May I have something to drink?** (今日はとても暑いですね。のどが渇いています。何か飲み物をいただいてもいいですか？)

構文 It(S)'s(V) so hot(C) today. I(S)'m(V) thirsty(C). May I(S) have(V) 〈something [to drink]〉(O)?

発音は「サースティ」で、何だか乾燥している感じですね。日常会話はもちろん、リスニングや会話問題でも大事です。例文（3文目）の something to drink「(何か) 飲み物」も入試でよく狙われます（somethingを to drinkが後ろから修飾）。

452

hungry

[hʌ́ŋgri] ハングリィ

空腹の
hunger 名 飢え

例文 **I'm hungry. I didn't have breakfast today.**
(私はお腹が減っています。今日は朝食を食べなかったんです)

構文 I(S)'m(V) hungry(C). I(S) didn't have(V) breakfast(O) today.

ハングリー精神とは、「(空腹状態で食事にありつくために) 死にもの狂いで頑張る姿勢」です。スティーブ・ジョブズのスピーチでは、Stay hungry, stay foolish.「ハングリーであれ、バカであれ」という表現が有名です。

Review!
- □ light
- □ dark
- □ strong
- □ sick
- □ ill
- □ foreign

453

delicious

[dilíʃəs] デリシャス

とてもおいしい

例文 **This steak is delicious. I really like the flavor. It's perfect.**
(このステーキはすごくおいしい。僕はその風味が本当に好きだ。完璧だよ)

構文 This steak (S) is (V) delicious (C). I (S) really like (V) the flavor (O). It (S) 's (V) perfect (C).

正確には「おいしい」ではなく「とてもおいしい」なので、very goodとは言っても、very deliciousとは普通は言いません(very good ≒ deliciousということ)。

454

soft

[sɔ́:ft] ソフト

柔らかい

例文 **I bought a new soft blanket. It feels really nice.**
(新しい柔らかい毛布を買ったよ。肌触りが本当にいいんだ)

構文 I (S) bought (V) a new soft blanket (O). It (S) feels (V) really nice (C).

「ソフトクリーム」は「口の中でとろけるように柔らかいアイスクリーム」という意味です。日本語でも「ソフトな肌触り」のように使われています。

455

deep

[dí:p] ディープ

深い
depth 名 深さ

例文 **This end of the pool is deep. You may not be able to stand up.** (このプールの端は深い。あなたは立てないかもしれません)

構文 〈This end of the pool〉 (S) is (V) deep (C). You (S) may not be able to stand up (V).

「ディープな世界」とは「奥が深い世界」です。物理的に深いだけでなく、take a deep breath「深呼吸をする」のようにも使えます。

周回Check! 1 / 2 / 3 /

456

afraid

[əfréid] アフレイド

怖がって、心配して

例文 **Are you afraid of the dark?**
(あなたは暗闇が怖いですか?)

構文 Are you(S) afraid of(V) the dark(O)?

be afraid of ～「～を怖がっている・心配している」の形でよく使います。また、I'm afraid {that} sv.「残念ながら svだ」も重要で、後ろにマイナス情報を予告する表現です。

457

sure

[ʃúər] シュア

確かな、確信している
surely 副 確かに、きっと

例文 **I am sure he will succeed in business because he works so hard.** (彼はとても熱心に働いているので、きっと仕事で成功すると思います)

構文 I(S) am(V) sure(C) 〈{that} he(s) will succeed(v) (in business) (because he(s) works(v) (so hard))〉.

be sure of ～／be sure {that} sv「～を確信している」が大切です。I am sure {that} svは「私は svすると確信している」→「きっと svすると思う」という感じです。

458

international

[intərnǽʃənl] インターナショナル

国際的な

例文 **Teams from Canada, China, Japan and France played in the international tournament.**
(カナダ、中国、日本、フランスのチームが国際トーナメントで試合をした)

構文 〈Teams [from Canada, China, Japan and France]〉(S) played(V) (in the international tournament).

「国家の（national）間（inter)」→「国際的な」となりました。「インターナショナルスクール」とは「主に外国人の子どもを対象にした国際的な学校」です。

Review!
☐ strange ☐ hungry ☐ soft
☐ thirsty ☐ delicious ☐ deep

459

true

[trú:] トゥルー

真実の、本当の

truth 名 真実

例文 **It may or may not be true.**
（それは本当かもしれないし、本当じゃないかもしれない）

構文 It (S) may or may not be (V) true (C).

長文問題の指示文でTrue or False?「あってる、間違ってる？」、リスニングの設問でWhich is true about ～？「～について正しいものはどれか？」と使われます。

460

quick

[kwík] クウィック

すばやい

quickly 副 すばやく

例文 **I tried to catch the rabbit, but it was too quick.**
（私はウサギをつかまえようとしたが、あまりにすばしこかった）

構文 I (S) tried to catch (V) the rabbit (O), but it (S) was (V) too quick (C).

「クイックペイ」はスマホなどで「すばやく支払う方法」です。瞬間的な動作について「すばやい」を表すときにquickを使います。継続的な動作、たとえば「走っている」のが速いときはfast（384番）を使います。

461

heavy

[hévi] ヘヴィ

重い

例文 **My bag is filled with textbooks. It's really heavy.**
（僕のカバンはテキストでいっぱいだ。本当に重いよ）

構文 My bag (S) is filled with (V) textbooks (O). It (S) 's (V) really heavy (C).

ボクシングや総合格闘技で重量級を「ヘビー級」と言います。物理的に「重い」だけでなく、heavy taxes「重税」やheavy rain「大雨」などもよく使われます。heavy trafficは「重い交通量」→「交通渋滞」です。

周回Check! 1 ／ 2 ／ 3 ／

462
dirty
[dɚ́ːrti] ダーティ

汚い
dirt 名 汚れ、ごみ、ほこり

例文 **Take your shoes off when you go in the house, or the floor will get dirty.**（家に上がるときは靴を脱ぎなさい。そうしないと床が汚くなります）

構文 Take(V) your shoes(O) off (when you(s) go(v) (in the house)), or the floor(S) will get(V) dirty(C).

名詞 dirtはスポーツや競馬で「ダートコース（土や砂を使ったコース）」と使われています。形容詞 dirtyは文字通り「汚い」にも、「ダーティーなイメージの政治家」のように「イメージが汚い」にも使えます。

463
next
[nékst] ネクスト

次の

例文 **We should get off at the next stop. Press the bell, and the bus will stop.**（私たちは次の停留所で降りないと。ベルを押してね。そうすればバスが止まるから）

構文 We(S) should get off(V) (at the next stop). Press(V) the bell(O), and the bus(S) will stop(V).

電車内の英語でのアナウンスで next station「次の駅」が使われています。また、道案内では next to ～「～の隣に」という熟語が大切です。

464
last
[lǽst] ラスト

前の、最後の　動 続く

例文 **The last time we met was two years ago. How have you been?**（最後に会ったのは2年前でしたね。お元気でしたか?）

構文 〈The last time [we met]〉(S) was(V) two years ago(C). How have you(S) been(V)?

last year「去年」、last week「先週」など“last +語句”でよく使います。応用として動詞「続く」もあり、化粧品や日焼け止めのCMで使われている「ラスティング効果（lasting)」は「化粧が続く効果」です（難関校の語彙問題で出題済み）。

Review!
- □ afraid
- □ sure
- □ international
- □ true
- □ quick
- □ heavy

465
final
[fáinl] ファイナル

最後の
finally 副 ついに

例文 **This is the final question. After you answer it, you can go home.**（これが最後の問題です。それに答えたら、家に帰ってもいいですよ）

構文 This(S) is(V) the final question(C). (After you(s) answer(v) it(o)), you(S) can go(V) (home).

スポーツで「ファイナルステージ」や「ファイナルラウンド」と使われています。finには「終わり」の意味があり、finishも「終える」という意味ですね。

466
quiet
[kwáiət] クワィエット

静かな

例文 **Shizuka is a quiet girl. She doesn't say anything unless you talk to her first.**（シズカは静かな女の子です。最初に君が話しかけなければ彼女は何も言いません）※unless ～「～しない限り」

構文 Shizuka(S) is(V) a quiet girl(C). She(S) doesn't say(V) anything(O) (unless you(s) talk to(v) her(o) first).

教室が騒がしいときに、先生がBe quiet!「静かにしなさい！」と言うかもしれません。quite「かなり」やquit「やめる」と混同しないように注意してください。

467
real
[rí:əl] リーアル

現実の、本当の
reality 名 現実　really 副 本当に

例文 **Do you think ghosts are real? Mei says she saw one, but I don't believe her.**（お化けが本当にいると思いますか？　メイは見たと言いますが、私は彼女（の言ったこと）を信じていません）

構文 Do you(S) think(V) 〈{that} ghosts(s) are(v) real(c)〉(O)? Mei(S) says(V) 〈{that} she(s) saw(v) one(o)〉(O), but I(S) don't believe(V) her(O).

日本語でも「リアルな世界」などと使われています。realの名詞形がrealityで、「このドラマはいまいちリアリティがない（現実味がない）」と言いますね。

周回Check!　1 ／　2 ／　3 ／

468

wet

[wét] ウェット

濡れた

例文 **I just took a bath and my hair is still wet. I have to dry it.**（僕はちょうどお風呂に入ったところで、髪がまだ濡れてるよ。乾かさなきゃ）

構文 I(S) just took(V) a bath(O) and my hair(S) is(V) still wet(C). I(S) have to dry(V) it(O).

「ウェットティッシュ」でおなじみですね。対義語は dry「乾いた・乾かす」で、例文（2文目）では動詞「乾かす」で使われています。ドライフラワー（dried flower）は「乾燥した花」のことです。

469

full

[fúl] フル

いっぱいの

例文 **The refrigerator is full of drinks. Please help yourself.**
（冷蔵庫は飲み物でいっぱいです。どうぞご自由にお取りください）

構文 The refrigerator(S) is full of(V) drinks(O). Please help(V) yourself(O).

野球の「フルスイング」とは打者が「力いっぱいバットを振る」ことですね。be full of ～「～でいっぱいだ」という熟語でよく狙われます。be filled with ～「～でいっぱいだ」とセットでおさえておきましょう。

470

such

[sətʃ] サッチ

そのような

例文 **Wow! I've never seen such a big house.**
（うわぁ！　僕はそんなに大きな家を見たことがないよ）

構文 Wow! I(S)'ve never seen(V) 〈such a big house(O)〉.

"such a 形容詞 名詞" の語順がよく狙われます。長文では such as ～「～のような」という熟語も大切です。A such as B「BのようなA・AたとえばB」を見たら、後ろに具体例がくると考えてください。

Review!
□ dirty □ last □ quiet
□ next □ final □ real

471
another
[ənʌ́ðər] アナザァ

もう1つの、別の
代 もう1つ、別の物

例文 **She brought me another dress.**
（彼女は私にドレスをもう1着持ってきてくれた）

構文 She (S) brought (V) me (O_1) another dress (O_2).

「1つ（an）他の（other）」→「もう1つの・別の」となりました。"another = an + other"ということで、anotherは「不特定の1つ」を表します。例文は「（他にたくさんある中で特定できない）他のドレス・もう1着のドレス」のことですね。

472
other
[ʌ́ðər] アザァ

他の
代 別の物

例文 **I have two brothers. One lives in Canada, and the other lives in Italy.**（私には2人の兄弟がいます。1人はカナダ、もう1人はイタリアに住んでいます）

構文 I (S) have (V) two brothers (O). One (S) lives (V) (in Canada), and the other (S) lives (V) (in Italy).

例文のように2人がいる場合、1人目はone、残りの1人は誰のことか「特定（共通認識）できる」のでthe otherです（代名詞として使われています）。3人以上いる場合なら、1人目はone、2人目は「特定できない」のでanotherを使うわけです。

473
special
[spéʃəl] スペシャル

特別な、専門の
specialist 名 専門家

例文 **I'd like to introduce a special guest. Mr.Ohtani is visiting us from America.**（特別ゲストを紹介します。アメリカからオオタニさんが来てくれました）

構文 I (S)'d like to introduce (V) a special guest (O). Mr.Ohtani (S) is visiting (V) us (O) (from America).

例文のa special guestは、日本語でそのまま「スペシャルゲスト」と言いますね。specialの「専門の」という意味から派生したのが、specialist「専門家」です（これも「スペシャリスト」とそのまま使われています）。

周回Check! 1 ／ 2 ／ 3 ／

474

junior

[dʒúːniər] ヂュニア

後輩の、年下の

例文 **Eric won a junior tennis tournament when he was 15 years old.** (エリックは15歳のときにジュニアテニストーナメントで優勝した)

構文 Eric(S) won(V) 〈a junior tennis tournament〉(O) (when he(s) was(v) 15 years old(c)).

日本のスポーツの大会でも「ジュニア」や「シニア」と使われています(たとえば、フィギュアスケートでは13～18歳までジュニアに参加できます)。junior high schoolは「中学校」です(high school「高校」の年下の学校というイメージ)。

475

main

[méin] メイン

主な

mainly 副 主に

例文 **Scientists think the main reason for global warming is the burning of gas and coal.**
(科学者は、地球温暖化の主な原因はガスや石炭を燃やすことだと考えている)

構文 Scientists(S) think(V) 〈{that} 〈the main reason [for global warming]〉(s) is(v) 〈the burning [of gas and coal]〉(c)〉(O).

「メインイベント」「メインディッシュ」などでおなじみですね。例文の the main reason for ～「～の主な理由」は長文や英作文でも重要です。

476

social

[sóuʃəl] ソウシャル

社会の

society 名 社会

例文 **There are many social problems today. The decrease in the number of children is one of them.**
(今日、たくさんの社会問題がある。少子化はそういった問題の1つだ)

構文 There are(V) many social problems(S) today. 〈The decrease [in the number of children]〉(S) is(V) one of them(C).

social media「SNS」(3番) は「社会・人とのつながりを作るサービス」のことです。学校の教科としての「社会科」は social studiesです。

Review!
- □ wet
- □ full
- □ such
- □ another
- □ other
- □ special

477
simple
[símpl] スィンプル

単純な、簡単な

例文 **These are very simple pancakes. They are made from just flour, eggs and milk.**（これらはとても簡単なパンケーキです。小麦粉と卵と牛乳だけで作られています）

構文 These(S) are(V) very simple pancakes(C). They(S) are made from(V) 〈just flour, eggs and milk〉(O).

日本語の「シンプルな」と同じように、単純・簡単・質素なイメージです。「構造が単純」→「理解するのが簡単」とイメージしてください。

478
dear
[díər] ディア

親愛なる

例文 **Dear Emily. How have you been? It has been a long time since I wrote to you.**（親愛なるエミリーへ。いかがお過ごしですか？あなたに手紙を書いてからずいぶん経ちました）

構文 Dear Emily. How have you(S) been(V)? It(S) has been(V) a long time(C) (since I(S) wrote(V) (to you)).

手紙やメールの冒頭で、Dear ○○「親愛なる○○へ」とよく使われます。入試や英検では「誰から誰への手紙・メールか？」を必ずチェックしてください。

479
sweet
[swíːt] スウィート

甘い

例文 **I like sweet foods like cake and ice cream.**
（私はケーキやアイスクリームのような甘い食べ物が好きです）

構文 I(S) like(V) 〈sweet foods [like cake and ice cream]〉(O).

「スイーツ（sweets）」は甘いお菓子などの総称です。「甘い言葉」→「優しい言葉」で、「優しい」という意味もあります。英語のアニメで、お姫様はよく You are so sweet.「ホントに優しいのね」と言っています（女性が使う言葉です）。

周回Check! 1 ／ 2 ／ 3 ／

480

wrong

[rɔ́ːŋ] ローング

間違った

例文 **I'm afraid you have the wrong number. – Oh, I'm sorry for making a mistake.** (恐れ入りますが電話番号をお間違えです。— あぁ、間違えてごめんなさい)

構文 I'm afraid 〈{that} you have the wrong number〉. – Oh, I'm sorry (for making a mistake).
(I = S, 'm afraid = V, you = s, have = v, the wrong number = o; I = S, 'm = V, sorry = C)

リスニングや会話問題で、You have the wrong number.「あなたは間違った番号を持っている」→「電話番号をお間違えです／間違い電話ですよ」が頻出です。会話で What's wrong?「何が悪いの？」→「どうしたの？」もよく使います。

481

necessary

[nésəsèri] ネセサリィ

必要な

necessarily 副 必ず

例文 **It is necessary for us to leave now, or we will be late for the concert.** (私たちはすぐに出発する必要があります。そうでないとコンサートに遅れてしまいます)

構文 It is necessary (for us) to leave now, or we will be late for the concert.
(It = 仮S, is = V, necessary = C, to leave now = 真S, we = S, will be late for = V, the concert = O)

例文のように、仮主語構文で It is necessary {for 人} to ～「(人は) ～する必要がある」とよく使います。例文の for usは「意味上の主語」と呼ばれるもので、to ～ の動作主を表します。

482

careful

[kéərfəl] ケアフル

注意深い、気をつけて

carefully 副 注意深く

例文 **Be careful when you drive. There is ice on the road tonight.** (車を運転するときは気をつけてください。今夜は道路が凍っています)

構文 Be careful (when you drive). There is ice (on the road) (tonight).
(Be = V, careful = C, you = s, drive = v, is = V, ice = S)

careは「注意」で、「ケアレスミス」は「注意 (care) が少ない (less) ことによるミス」ですね。carefulは「注意で (care) いっぱい (ful)」→「注意深い」です。

Review!
- □ junior
- □ main
- □ social
- □ simple
- □ dear
- □ sweet

483

far

[fáːr] ファー

遠い　副 遠くに［へ］

例文 **Brazil is very far from Japan. It takes almost one day to fly there by airplane.**（ブラジルは日本からかなり遠い。飛行機で行くのに1日近くかかる）

構文 Brazil(S) is(V) very far(C) (from Japan). It(仮S) takes(V) almost one day(O) 〈to fly there (by airplane)〉(真S).

サッカーの「ファーサイド」とは「ボールを持っている選手から遠い側」のことです。例文のように be far from ～「～から遠い」の形でよく使います（さらに「(程度が）遠くに」→「かけ離れている・決して～ではない」という意味もあります)。

484

likely

[láikli] ライクリィ

ありそうな　副 おそらく

例文 **The Tigers are likely to win tonight.**
（今晩はタイガースが勝ちそうだ）

構文 The Tigers(S) are likely to win(V) tonight.

前置詞 like「～のような」→「～しそう」から、「～しそうな」となりました。例文のように be likely to ～「～しそうだ」の形でよく使われます。「好き」の likeとは語源が全然違うので区別してください。

次からは副詞です。副詞は動詞・形容詞・他の副詞・文全体を修飾しますが、「名詞以外を修飾」と考えれば OK です。

485

early

[ə́ːrli] アーリィ

早く 形 早い

例文 **I have to get up early tomorrow because I'm going to see Mr. Brown at 6:30 a.m.**（私はブラウン先生に朝6時30分に会う予定なので、明日は早く起きなければなりません）

構文 I(S) have to get up(V) (early) (tomorrow) (because I'(s)m going to see(V) Mr. Brown(O) (at 6:30 a.m)).

earlyは「時間が早く」、fastは「スピードが速く」です。earlyと fastの両方とも形容詞の用法もあります。

486

late

[léit] レイト

遅く 形 遅い
lately 副 最近　later 副 後で

例文 **Takeru got to the station late, and missed his train.**
（タケルは駅に着くのが遅れて、電車に乗り遅れた）
※前半の直訳は「タケルは遅く駅に着いた」

構文 Takeru(S) got(V) (to the station) (late), and missed(V) his train(O).

副詞の laterは See you later.「ではまた後で」でおなじみですね。lateは「時間的に遅く」という意味で、形容詞を使った be late for ～「～に遅れて」という熟語も大切です。ちなみに、スピードが「遅く」は slowlyです。

487

well

[wél] ウェル

よく、上手に 間 ええと

例文 **You play the guitar really well! You should be in a band.**
（君は本当にギターを上手に演奏するね！　バンドに入るべきだよ）

構文 You(S) play(V) the guitar(O) (really well)! You(S) should be(V) (in a band).

本来は「かなり」という強調で、know ～ wellは「かなり知っている」→「よく知っている」、play the piano wellなら「かなりピアノを弾く」→「上手に弾く」です。会話で Well.「えーっ」と間を埋めるときにも使えます。

Review!
- □ wrong
- □ necessary
- □ careful
- □ far
- □ likely

488

hard

[há:rd] ハード

熱心に、一生懸命に
形 難しい

例文 **Becky works hard all day. She is always tired when she gets home.**（ベッキーは一日中熱心に働く。彼女は帰宅するときにはいつも疲れている）

構文 Becky(S) works(V) (hard) (all day). She(S) is(V) always tired(C) (when she(s) gets(v) (home)).

「ハードに働く」とは「熱心に働く」、「ハードな仕事」とは「(やり遂げるのが) 難しい仕事」のことです。形容詞は easy「簡単な」の対義語としてよく使われます。例：The test was so hard!「テストめっちゃ難しかった！」

489

yesterday

[jéstərdèi] イエスタデイ

昨日（は）

例文 **I met a friend of mine at the station yesterday.**
（私は昨日、駅で友達の1人に会った）

構文 I(S) met(V) 〈a friend of mine〉(O) (at the station) (yesterday).

yesterdayの1語で副詞の働きなので、直前に前置詞は不要です。the day before yesterdayなら「昨日の前の日」→「一昨日」となります。

490

today

[tədéi] トゥデイ

今日（は）

例文 **There may be a pop quiz in history class today.**（今日、歴史の授業で抜き打ちテストがあるかもしれない）※ pop quiz「抜き打ちテスト」

構文 There may be(V) a pop quiz(S) (in history class) (today).

todayは「今日（きょう）」だけでなく「今日（こんにち）・現代は」という意味でも使われます。「過去は○○だったが、今日では△△だ」のように、過去と現在を対比する長文がよく出るのです。

周回Check! 1 ／ 2 ／ 3 ／

491
tomorrow
[təmɔ́ːrou] トゥモーロウ

明日（は）

例文 **Go to bed. You have to wake up early tomorrow.**
（寝なさい。明日は早起きしないといけないのだから）

構文 Go to bed. You have to wake up (early) (tomorrow).
V S V

tomorrowと rが 2つ重なります。単独で tomorrow「明日」のほかに、tomorrow morning「明日の朝」、the day after tomorrow「明日の後の日」→「明後日」のようにも使います。

492
tonight
[tənáit] トゥナイト

今晩（は）

例文 **I want to go home right now because there's a TV show I want to see tonight.**（私は今晩見たいテレビ番組があるので、今すぐ家に帰りたい）

構文 I want to go (home) (right now) (because there's 〈a TV show [{which} I want to see (tonight)]〉).
S V v s

tonightの toは todayの toと考えれば、「今日の（to）夜（night）」→「今晩」で理解できますね。tonightは副詞なので、（×）at[in] tonightのように前置詞をつけないように注意してください（at night「夜に」と混同しないように／ 198番）。

493
now
[náu] ナウ

今（は）

例文 **I caught a cold last week, but I'm better now.**
（先週風邪をひいてしまったのですが、今ではもう良くなりました）

構文 I caught a cold (last week), but I'm better now.
S V O S V C

「（昔と違って）今では」という意味でよく使われます。現在形を使っている時点で現在のことであると明らかにもかかわらず、あえて nowを使うからには「昔と違って今現在は」のようなニュアンスになることが多いのです。

Review!
- □ early
- □ late
- □ well
- □ hard
- □ yesterday
- □ today

494

o'clock

[əklάk] オクラック

～時

例文 **My grandfather gets up at 5 o'clock every day.**
（私の祖父は毎日5時に起きます）

構文 My grandfather (S) gets up (V) (at 5 o'clock) (every day).

of the clockの短縮形が o'clockです。本来は 5 of the clock「時計の数字で 5」→「5時」ということなんです（ofの“f”を省略した印にアポストロフィ（'）があります）。

495

then

[ðén] ゼン

そして、そのとき、それならば

例文 **What were you doing then? – I was sleeping.**
（そのとき何をしてたの？ ― 寝てたよ）

構文 What (O) were you (S) doing (V) then? – I (S) was sleeping (V).

例文のように「そのとき」の意味の thenは過去（進行）形の英文でよく使われます（文法問題でヒントになります）。「そして」の意味では and then、「それならば」の意味では If ～ , then ...「もし～なら、（それならば）…」の形でよく使います。

496

very

[véri] ヴェリィ

とても、非常に

例文 **It's very hot today. I want to go to the beach.**
（今日はとても暑い。浜辺に行きたいです）

構文 It (S) 's (V) very hot (C) today. I (S) want to go (V) (to the beach).

veryは副詞や形容詞を修飾します。名詞の前に置かないようにしてください。難関校を目指す人は、比較級を強調するときに veryが使えない点も確認しておきましょう（代わりに muchなどを使います）。

497

so

[sóu] ソウ

とても、そんなに **接** だから

例文 **She laughed so hard that she cried.**
（彼女は笑い過ぎて涙が出た／彼女は涙が出るほど笑った）

構文 She laughed (so hard) (that she cried).
S: She / V: laughed / s: she / v: cried

veryより感情的な表現です。単に「とても大きい」というなら very bigですが、so bigは「うわ〜っ、めっちゃ大きい！」という感じです。例文は so 〜 that ...「とても〜なので…だ／…するほど〜だ」という重要表現です。

498

enough

[inʌ́f] イナフ

十分に **形** 十分な

例文 **This smartphone is small enough to fit in my pocket.**
（このスマホは私のポケットに入るほど小さい）

構文 This smartphone is small (enough to fit in my pocket).
S: This smartphone / V: is / C: small

enoughの ouは「ア」、enoughの ghは「フ」と発音します。名詞を修飾するときは "enough 名詞 "で OKですが、形容詞・副詞を修飾するときは「後ろから」です。形容詞・副詞 enough to 〜「〜するほど（十分に）形容詞・副詞 だ」となります。

499

too

[tú:] トゥー

〜もまた、〜すぎる

例文 **Ema likes Kakeru, but Natsuki likes him, too.**
（エマはカケルが好きだが、ナツキも彼が好きだ）

構文 Ema likes Kakeru, but Natsuki likes him, too.
S: Ema / V: likes / O: Kakeru / S: Natsuki / V: likes / O: him

文末で使うと「〜もまた」の意味になります。too 〜 to ...「…するには〜すぎる／あまりに〜すぎて…できない」という表現も入試頻出です。
例：He was too tired to work.「彼はあまりに疲れているので働けない」

Review!
□ tomorrow　□ now　□ then
□ tonight　□ o'clock　□ very

500
here
[híər] ヒア

ここで［に、へ］

例文 **Please return the book here after you've finished reading it.**（その本を読み終えたあとは、ここに戻してください）

構文 Please return(V) the book(O) (here) (after you(S)'ve finished(V) 〈reading it(O)〉).

hereは副詞なので、直前に前置詞は不要です。「ここへ来なさい」は（×）Come to here. ではなく、（○）Come here. と言います。また、会話では相手に物を渡すときに使う Here you are.「はい、どうぞ」も重要です。

501
there
[ðέər] ゼア

そこで［に、へ］

例文 **Have you ever been to Brazil? – Actually, I'm going there this summer.**（今までにブラジルへ行ったことがありますか？ ― 実は、今年の夏にそこへ行く予定です）

構文 Have you(S) ever been(V) (to Brazil)? –Actually, I(S)'m going(V) (there) (this summer).

hereと同じく thereは副詞なので、（×）go to thereではなく（○）go there「そこに行く」と使います。文法問題や英作文で大切で、実際に難関校の文法問題では go to thereを go thereに直す問題も出題されています。

502
home
[hóum] ホウム

家に［へ］ 名 家、故郷
homestay 名 ホームステイ homework 名 宿題

例文 **I went home after school.**
（私は放課後に帰宅した）

構文 I(S) went(V) (home) (after school).

名詞「家」もありますが、副詞の用法が大事です。副詞の直前に前置詞は不要なので、（×）go to homeではなく（○）go home「帰宅する」と使います。ちなみに、homeworkは「家でやる（home）仕事（work）」→「宿題」です。

周回Check! 1 ／ 2 ／ 3 ／

動詞 名詞 形容詞 副詞

503

abroad

[əbrɔ́:d] アブロード

海外で［に、へ］

例文 **You need a passport to travel abroad.**
（海外旅行するためにはパスポートが必要です）

構文 You(S) need(V) a passport(O) (to travel abroad).

「広い（broad）ところへ」→「海外へ」です。これも副詞なので前置詞 toは不要で、travel abroad「海外へ旅行する」、study abroad「海外で勉強する」→「留学する」のように使います（難関校の文法問題でもよくポイントになります）。

504

always

[ɔ́:lweiz] オールウェイズ

いつも

例文 **There are always doctors at that hospital. Doctors have to be there all night.**（その病院にはいつも医者がいる。医者は一晩中そこにいなければならない）

構文 There are(V) always doctors(S) (at that hospital). Doctors(S) have to be(V) (there) (all night).

「すべての（al = all）道（way）をずっと」→「いつも」です。alwaysのような「頻度を表す副詞」は、従来「be動詞の後、助動詞の後、一般動詞の前に置く」と教わりますが、ズバリ「notと同じ位置」と考えれば解決します。

505

usually

[jú:ʒuəli] ユージュアリィ

ふつう、たいてい

usual 形 いつもの　unusual 形 異常な

例文 **I usually change trains at Shinjuku, but today I changed trains at Shibuya.**（私は普段は新宿で乗り換えているが、今日は渋谷で乗り換えた）

構文 I(S) usually change(V) trains(O) (at Shinjuku), but (today) I(S) changed(V) trains(O) (at Shibuya).

先頭の usu-は本来 useで、「いつも使うような」→「ふつう・たいてい」となりました。alwaysより少し頻度が落ちて、80％くらいのイメージです。

Review!
- □ so
- □ enough
- □ too
- □ here
- □ there
- □ home

506

often

[ɔ́:fən] オーフン / [ɔ́ftən] オフトゥン

しばしば、よく

例文 **My mother often makes *somen* for lunch in the summer.**
(私の母は夏は昼食にそうめんをよく作ってくれます)

構文 My mother(S) often makes(V) *somen*(O) (for lunch) (in the summer).

昔から「しばしば」という訳語で教わりますが、「よく」と考えればOKです(60%くらいの頻度のイメージ)。また、以前は「tを発音しない」と教わることもありましたが、今では「オフトゥン」と発音することも普通にあります。

507

sometimes

[sʌ́mtàimz] サムタイムズ

ときどき

例文 **I usually read novels, but I sometimes read magazines, too.** (私は普段は小説を読みますが、ときどき雑誌も読みます)

構文 I(S) usually read(V) novels(O), but I(S) sometimes read(V) magazines(O), too.

ざっくり「半々」くらいのイメージです。sometime「いつか」と区別するために、sometimesは副詞でこのsは決して「複数」ではないのですが、こじつけて「sometimesは"複数"行う」→「ときどき行う」と考えるのもアリです。

508

not

[nát] ナット

〜でない

例文 **He is not here now, but he will come back in about 10 minutes.** (彼は今ここにいませんが、10分ほどで戻ってくるでしょう)

構文 He(S) is not(V) (here) (now), but he(S) will come back(V) (in about 10 minutes).

主に否定文で使います。普段の会話では、notは「ノッ(ト)」や「ナッ(ト)」のように発音されることが多いです(英語では語末の"t"がほとんど聞こえないことがよくあります)。

周回Check! 1 / 2 / 3

509

never
[névər] ネヴァ

決して〜ない

例文 **You have been so kind to me. I will never forget you.**
(あなたは私にとても親切にしてくれました。あなたのことを決して忘れません)

構文 You(S) have been(V) so kind(C) (to me). I(S) will never forget(V) you(O).

Never give up.「決してあきらめるな」で有名です。現在完了形（have p.p.）で「(これまでに）一度も〜したことがない」を表すときにもよく使います。
例：I have never been to Hokkaido.「私は北海道に行ったことが一度もありません」

510

just
[dʒʌ́st] ヂャスト

ちょうど、ただ〜だけ
形 公平な、正しい、当然の

例文 **We have just finished our game. We have to clean up before we leave.**(ちょうどゲームを終えたところです。出る前に片づけなければなりません)

構文 We(S) have (just) finished(V) our game(O). We(S) have to clean up(V) (before we(s) leave(v)).

「ジャストフィット」は大きさが「ちょうど」合うことです。本来は「それ以上でもそれ以下でもない」で、そこから「ただ〜だけ」「公平な」となりました。例文のように現在完了形でよく使われます。

511

already
[ɔːlrédi] オールレディ

すでに、もう

例文 **I have already finished my homework. Can I watch TV?**
(もう宿題は終わってるよ。テレビを見ていい?)

構文 I(S) have (already) finished(V) my homework(O). Can I(S) watch(V) TV(O)?

「全部（all)、準備ができている（ready)」→「もうすでに」となりました。例文のように現在完了形で「すでに〜した」を表す際によく使います。

Review!
- □ abroad
- □ always
- □ usually
- □ often
- □ sometimes
- □ not

512

yet

[jét] イエット

（疑問文で）もう
（否定文で）まだ

例文 **Have you talked with Mari yet? She told me she wanted to talk with you.**（もうマリと話しましたか？　彼女はあなたと話したいと言っていましたよ）

構文 Have you(S) talked with(V) Mari(O) yet?
She(S) told(V) me(O_1) 〈{that}(O_2) she(s) wanted to talk with(v) you(o)〉.

現在完了形と相性が良い単語です。疑問文で「もう」、否定文で「まだ」とよく使います。　例：I haven't decided what to buy yet.「まだ何を買うか決めていない」

513

ever

[évər] エヴァ

今まで

例文 **Have you ever driven a car? – No, I haven't.**
（今までに車を運転したことがありますか？ — いいえ、ありません）

構文 Have you(S) ever driven(V) a car(O)? – No, I(S) haven't(V).

everは at any time（どんなときでも）という感覚で捉えてください。「（過去〜今までどんなときでもいいので）今までに」ということで、例文のように現在完了形で Have you ever 〜？「今までに〜したことはありますか？」とよく使います。

514

once

[wʌ́ns] ワンス

一度、かつて

例文 **I have seen a *sumo* wrestler once. I've never seen such a big man.**（僕は一度、力士に会ったことがある。あんなに大きな人を見たことがないよ）

構文 I(S) have seen(V) a *sumo* wrestler(O) once. I(S)'ve never seen(V) 〈such a big man〉(O).

one「1」と語源が同じで、「一度」→「かつて一度」→「かつて」となりました。昔話を始めるときは once upon a time「昔々」がよく使われます。難関校では「一度〜すると」→「いったん〜すると」という接続詞としても出ます。

周回Check!　1 ／　2 ／　3 ／

515
twice
[twáis] トゥワイス

2度、2回

例文 **We have homeroom twice a day. Once in the morning and once in the afternoon.**（1日に2回ホームルームがあります。朝に1回、午後に1回です）

構文 We(S) have(V) homeroom(O) (twice a day). Once in the morning [and] once in the afternoon.

one→ onceになったように、twoが変化したのが twiceです（two timesではなく twiceを使うのが原則）。3回以降は、three timesのように timesを使います。twice a dayは「1日につき2回」で、この aは「～につき」という意味です。

516
also
[ɔ́:lsou] オールソウ

～もまた

例文 **I want a new phone, but I also want new shoes.**
（僕は新しいスマホが欲しいけど、新しい靴も欲しい）

構文 I(S) want(V) a new phone(O), [but] I(S) also want(V) new shoes(O).

「まったく（all）そのように（so）」→「～もまた」となりました。情報を付け加える際に使う副詞です。文頭にくることもありますが、文中（notと同じ位置）で使うことが多いです。

517
together
[təgéðər] トゥギャザァ

一緒に

例文 **Let's go shopping together on Saturday.**
（土曜日に一緒に買い物に行きましょう）

構文 Let's go shopping(V) (together) (on Saturday).

「～へ（to）集まる（gether = gather）」→「一緒に」となりました。Let's ～ together.「一緒に～しよう」は人を誘うときに便利な表現です。

Review!
- □ never
- □ just
- □ already
- □ yet
- □ ever
- □ once

518

off

[ɔ́ːf] オフ

離れて

例文 **I took off my shoes when I went into the house.**
(家に入るとき、私は靴を脱いだ)

構文 I took off my shoes (when I went (into the house)).
S V O s v

offは「分離」のイメージで、take offは「衣服を体から分離させる」→「〜を脱ぐ」という重要熟語です。take offは他に「地面から分離する」→「離陸する」などの意味もあります（日本語でも「テイクオフ」と使われています）。

519

out

[áut] アウト

外で［に、へ］

例文 **Risa walked out of the room 10 minutes ago.**
(リサは10分前に部屋から歩いて外に出ていった)

構文 Risa walked (out of the room) (10 minutes ago).
S V

outは副詞ですが、out of 〜「〜から外へ」は1つの前置詞のように使います（into「〜の中へ」の逆のイメージ）。out of order「秩序がとれている・機能している状態（order）の外へ（out of）」→「故障中で」という熟語も大切です。

520

outside

[àutsáid] アウトサイド

外で［に、へ］
形 外側の　前 〜の外に　名 外側

例文 **It was fine yesterday so we had a barbecue outside.**
(昨日は晴れたので、私たちは外でバーベキューをした)

構文 It was fine (yesterday) so we had a barbecue (outside).
S V C S V O

「外の（out）場所（side）」→「外で」です。いろんな品詞がありますが、例文のように副詞の用法をしっかりおさえてください。直前に前置詞は不要で、たとえば「外で遊ぶ」は play outsideです。

周回Check! 1 ／ 2 ／ 3 ／

521
inside
[ìnsáid] インサイド

内側で［に、へ］
形 内側の　前 ～の中に　名 内側

例文 **It's raining, so let's play inside today.**
（雨が降ってるから、今日は屋内で遊ぼうよ）

構文 It's raining, so let's play (inside) (today).
S V V

「中の（in）場所（side）」→「屋内で」です。サッカーの「インサイドキック」とは「足の内側でキックする」ことですし、野球で内角（インコース）のことを「インサイド」と言ったりします。outsideと同じく副詞の用法をチェックしてください。

522
up
[ʌ́p] アップ

上へ

例文 **Look up. Can you see the airplane in the sky?**
（見上げてごらん。空に飛行機が見えるかい?）

構文 Look up. Can you see the airplane (in the sky)?
V S V O

look upは直訳「上を（up）見る（look）」→「見上げる」です。get up「起床する」やgrow up「成長する」といった熟語も、upの「上」のイメージから連想できますね。

523
down
[dáun] ダウン

下へ

例文 **I fell down when I was running and hurt my knee.**
（走っていたときに転び、ひざをけがした）※ hurt「傷つける」（無変化型の動詞）

構文 I fell down (when I was running) and hurt my knee.
S V s v V O

fall downは「下に（down）倒れる（fall）」→「落ちる・転ぶ」という熟語です。その他、slow down「スピードを落とす」／write down「書き留める」／break down「故障する」など様々な熟語で使われます。

Review!
- □ twice
- □ also
- □ together
- □ off
- □ out
- □ outside

524
only
[óunli] オウンリィ

～だけ、たった

例文 **This hamburger is cheap. I can't believe it is only 100 yen.**（このハンバーガーは安い。たった100円だなんて信じられない）

構文 This hamburger(S) is(V) cheap(C). I(S) can't believe(V) 〈{that} it(s) is(v) only 100 yen(c)〉(O).

one「1つの」に由来する単語で、「たった1つの」→「～だけ」となりました。発音は「オンリー」ではなく「オウンリィ」です。応用として、SV{,} only to ～「SVだが、（結局）～しただけだった」という用法もあります。

525
back
[bæk] バック

後ろへ、戻って
名 奥、背中

例文 **I'm glad she came back.**
（私は彼女が帰ってきてくれて嬉しいです）

構文 I(S)'m(V) glad(C) ({that} she(s) came back(v)).

go backは「後ろへ行く」→「戻る」、come backは「後ろへ来る」→「戻る・帰ってくる」です。名詞で「体の後ろの部分」→「背中」という意味もあります。backacheは「背中の痛み・腰痛」両方を表せます。

526
again
[əgén] アゲン

再び、また

例文 **I couldn't hear what you said. Could you please say that again?**（何と言ったか聞き取れませんでした。もう一度言っていただけませんか？）

構文 I(S) couldn't hear(V) 〈what you said〉(O). Could you(S) please say(V) that(O) again?

発音にいくつかバリエーションがあり、「アゲイン」だけでなく「アゲン・アギン」のように発音されることもあります（特にアメリカでは「アゲン」のほうが圧倒的に多いです）。リスニング問題では注意してください。

周回Check! 1 ／ 2 ／ 3 ／

527

alone

[əlóun] アロウン

1人で

例文 **My brother is a university student in Osaka. He lives alone in his own apartment.**（私の兄は大阪の大学生です。彼は自分のアパートで一人暮らしをしています）

構文 My brother(S) is(V) 〈a university student [in Osaka]〉(C). He(S) lives(V) (alone) (in his own apartment).

「まったく（al = all）1人（one）」→「一人ぼっちで」となりました。有名な映画『ホーム・アローン（Home Alone）』は、旅行に行けず1人だけ家に残された少年の話です。live alone「1人で住む・一人暮らしをする」はよく使う表現ですよ。

528

however

[hauévər] ハウエヴァ

しかしながら

例文 **I sent her an e-mail. However, she hasn't written back to me.**（私は彼女にメールを送った。しかし、彼女は私に返信してくれなかった）

構文 I(S) sent(V) her(O_1) an e-mail(O_2). (However), she(S) hasn't written(V) back (to me).

意味は butに似ていますが、howeverは接続詞ではなく副詞なので、2つの文をつなぐことはできません。（×）SV however SV. の形は NGで、（○）SV. However, sv. といった形で使います。英作文ですごくミスが多いところです。

529

maybe

[méibi] メイビィ

ひょっとしたら

例文 **If that new smartphone goes on sale soon, maybe I'll buy it.**（もしその新しいスマホがすぐに発売されたら、僕はもしかしたら買うかもね）

構文 (If that new smartphone(s) goes on sale(v) soon), (maybe) I(S)'ll buy(V) it(O).

It may be that ～「～かもしれない」から、mayと beがくっついてできた単語です。日本の歌詞にもよく使われています。

Review!
- □ inside
- □ up
- □ down
- □ only
- □ back
- □ again

530
probably
[prábəbli] プラバブリィ

たぶん、おそらく
probable 形 ありそうな、起こりそうな

例文 **It's probably going to be cold today. You should wear a warm coat.**（今日はおそらく寒くなるだろう。暖かいコートを着たほうがいいよ）

構文 It's (probably) going to be cold today. You should wear a warm coat.
（It: S / 's (probably) going to be: V / cold: C / You: S / should wear: V / a warm coat: O）

形容詞 probableは「証明（prob = prove）できる（able）」→「十分ありそうな」で、その副詞形が probablyです。maybeは5割以下、probablyは6割以上くらいの確率に使うイメージです。

531
please
[plí:z] プリーズ

どうぞ　動 喜ばせる

例文 **I just baked this chocolate cake. Please have a piece.**
（ちょうどこのチョコレートケーキを焼いたんです。一切れどうぞ）

構文 I just baked this chocolate cake. Please have a piece.
（I: S / baked: V / this chocolate cake: O / have: V / a piece: O）

命令文につくと少しだけ丁寧な表現になります。本来「なめらかにする」で、命令文につけて「命令をなめらかにする」ということです。また、「人間関係をなめらかにする」→「喜ばせる」という動詞も大切です。

532
soon
[sú:n] スーン

まもなく、すぐに

例文 **It is getting warmer. It will be spring soon.**
（暖かくなってきました。もうすぐ春です）

構文 It is getting warmer. It will be spring soon.
（It: S / is getting: V / warmer: C / It: S / will be: V / spring: C）

CMやネットで使われる「カミング・スーン」は、「近日発売・近日公開（間もなく発売・公開）」という意味です。How soon ～?「どれくらいすぐに～？」→「あとどれくらいで～？」や、as soon as possible「できるだけ早く」という熟語も大事です。

周回Check!　1 ／　2 ／　3 ／

533
still
[stíl] スティル

まだ

例文 **Yuito is still sleeping. If he doesn't get up soon, he will be late for school.**（ユイトはまだ寝ている。すぐに起きないなら、彼は学校に遅刻するだろう）

構文 Yuito is (still) sleeping. (If he doesn't get up soon), he will be late for school.
S V s v S V O

本来は「静止して動かない」で、「静止して同じ状態が続いている」→「まだ」となりました。応用として「静止した」「静かな」や、「まだ動かない」→「(長い時間たっても) それにもかかわらず」などの意味もあります。

534
even
[íːvən] イーヴン

～でさえ

例文 **In Japan, even children know the English word "hello."**
（日本では、子どもでさえ "hello" という英単語を知っている）

構文 (In Japan), even children know 〈the English word "hello."〉
S V O

副詞は「名詞以外」を修飾するのが原則で、たとえば can't even count to ten「10まで数えることさえできない」のように使います。ただし、evenは例外的に名詞の前に置いて、even 名詞「名詞 でさえ」と名詞を修飾することも可能です。

535
anyway
[éniwèi] エニウェイ

とにかく

例文 **You said you would meet me at 3:00 and it's 3:30 now. Anyway, call me.**（君は3時に私と会うと言っていたけど、今は3時30分です。とにかく、電話をください）

構文 You said 〈{that} you would meet me (at 3:00)〉 and it's 3:30 now. (Anyway), call me.
S V O s v o S V C V O

「どんな (any) 方法でも (way) いいので」→「とにかく」です。「それまでのことはまあいいとして、とにかく」と肝心な話に移るときに使います。リスニングやメール文の問題では、anywayの後ろに重要情報がきて設問でよく狙われます。

Review!
- □ alone
- □ however
- □ maybe
- □ probably
- □ please
- □ soon

CHAPTER

3

熟語に強くなる基本動詞

いくつもの意味を持つ「基本動詞」の訳し方を１つひとつ暗記するのは大変ですが、その動詞の「核心」をつかむことで、丸暗記がなくなり、熟語も一気に頭に入ってきます。

536

take 核心 とる

[téik] テイク take - took - taken

「(いくつかの中から) とる」というイメージを持ってください。お店で買う物を決めたときに I'll take it. (それにします) と言います。「複数ある選択肢の中から1つをとる/買う物を手にとって持っていく」ということなんです。

1 具体的な物をとる

❶ 物をとる
I'll take it. (それにします)

❷ 乗る ※(交通手段として) 乗り物をとる
We took a bus. (私たちはバスに乗りました)

❸ (薬を) 飲む ※薬をとる (体内に取り込む)
Take this medicine. (この薬を飲みなさい)

❹ 熟語 take off (～)：(～を) 脱ぐ、離陸する ※とって離す (off)

❺ 熟語 take a picture：写真を撮る

❻ 熟語 take place：行う、開催される ※場所 (place) をとって行う
The event took place in Fukuoka. (そのイベントは福岡で開催された)

2 抽象的な物をとる

❶ (時間が) かかる ※時間をとる
It took me about three hours to do my homework.
(私は宿題をするのに約 3 時間かかりました)

It takes 人 時間 to ～「人 が～するのに 時間 がかかる」の形でよく使われます (Itは仮主語、to ～ が真主語)。「宿題をすることは私から 3時間をとった」→「私は宿題をするのに約 3時間かかった」と考えればOKです。

❷ 行動をとる
I usually take a bath at 8 p.m. (普段は午後 8 時にお風呂に入ります)

take a bathは、直訳「風呂・入浴 (bath) という行動をとる」→「お風呂に入る」です。

Do you want to take a break? (少し休憩する？)

take a breakは、直訳「休憩 (break) をとる」→「休憩する」です。

Review!
□ still
□ even
□ anyway

❸（言葉を）受けとる　※言葉をとる
Can I take a message?【電話で】
（伝言を承りましょうか？）　※メッセージを受けとる

❹ 熟語 **take care of** 〜：〜の世話をする　※注意・世話（care）をとる
I can't go shopping with you today. I need to take care of my little sister.（今日一緒にショッピングに行けないの。妹の世話をしないと）

❺ 熟語 **take part in** 〜：〜に参加する　※〜の中に(in)部分を(part)とる
Ben took part in the speech contest.
（ベンはスピーチコンテストに参加した）

3 連れていく、持っていく

❶ 連れていく　※とって連れていく
He took me to the station.
（彼は私を駅へ連れていってくれました）

❷ 持っていく　※とって持っていく
He took an umbrella to his school.
（彼は学校へ傘を持っていきました）

537

have / has

[hæv] / [hæz] ハヴ / ハズ

核心 所有する

have[has] - had - had

基本は「持っている」でOKですが、その「持っている"範囲"」が大変広く使われます。

1 具体的に持っている

❶ (物を) 持っている　I have a red car. (私は赤い車を持っています)

❷ (人が) いる　He has two sons. (彼には2人の息子がいます)

❸ (動物を) 飼っている　Tom has a dog. (トムは犬を飼っています)

2 性質・特徴を持っている

❶ She has blue eyes.
(彼女は青い目をしています) ※青い目を持っている

❷ A year has twelve months.
(1年は12カ月あります) ※12カ月を持っている

❸ China has a long history.
(中国は長い歴史があります) ※歴史を持っている

❹ I have a good idea.
(いい考えがあります) ※感情・考えなどを持っている

❺ 熟語 **have a cold**：風邪をひいている
「ウイルスを体内に持っている」状態です。他に、have a headache「頭痛を持っている」→「頭痛がする・頭が痛い」、have a fever「熱を持っている」→「熱がある」のようにも使えます。

❻ 熟語 **have a good time**：楽しく過ごす
直訳は「良い時間を持っている」です。goodの代わりにgreatやwonderfulを使って、have a great[wonderful] time「すばらしい時間を過ごす・とても楽しく過ごす」と言うこともできます。日常会話で便利な表現ですよ。

3 場面を持っている

❶ 受ける、ある ※授業を受ける機会を持っている
How many classes do you have on Monday?
(あなたは月曜日にいくつの授業がありますか？)

Review!
□ take　□ take a picture　□ take care of ～
□ take off　□ take place　□ take part in ～

❷ ある、開く ※開催の機会を持つ

We will have a party next week.
（来週パーティーがあります）

4 食べる、飲む

I have breakfast every day.
（私は毎日朝ごはんを食べます）

「朝ごはんの時間を持つ」→「朝ごはんを食べる」となりました。eatは「食べる」という行為を表すため、直接的な響きを避けるためにhaveがよく使われます（日本語でも「食べる」を丁寧に「いただく」と言うことがありますね）。

5 have[has] to 原形「〜しなければならない」

I have to finish my homework tonight.
（私は今夜宿題を終えなければなりません）

“to + 原形” は「(未来に) 〜する」という意味があるので、「未来に〜することを持っている」→「〜しなければならない」となります。

6 現在完了（have[has] +過去分詞）

I have seen him before.
（私は以前彼に会ったことがあります）

現在完了形は「過去・完了したことを、現在所有（have）している」→「過去＋現在形」のことで、この例文も「彼に会った経験を現在所有している」ということですね。「継続／完了・結果／経験」という3用法の区別を習いますが、すべて「過去から現在の一点までの矢印」のイメージと考えればOKです。

7 have O C：O に C させる(してもらう・される) ※O が C の状態を持つ

I had my iPhone's battery replaced for free.
（僕はiPhoneのバッテリーを無料で替えてもらいました）

“have O(my iPhone's battery) C(replaced)” の形です。「バッテリーは替えられる」という受動の関係を表すので、replace「替える・交換する」の過去分詞形（replaced）を使います。

538

make

[méik] メイク

核心 (物や状況を)作る

make - made - made

1 作る

❶ **make ～**：～を作る
My mother often makes ice cream.
(私の母はよくアイスクリームを作ります)

❷ **make 人 物**：人に物を作る ⇔ make 物 for 人
She made her father lunch. ⇔ She made lunch for her father.
(彼女はお父さんに昼食を作りました)

❸ 熟語 **make a mistake**：間違える ※間違いをつくる
All people sometimes make mistakes.
(誰でも間違えることはあります)

❹ 熟語 **make friends with ～**：～と友達になる ※友達をつくる
Mary made friends with many Japanese students.
(メアリーは多くの日本人生徒と友達になった)

必ず複数形 friendsになる点に注意してください。友達になるには「複数の人間（相手と自分）」が必要ですね。

❺ 熟語 **make sense**：意味をなす ※意味をつくる
This book didn't make sense to me.
(この本は私には意味がわかりませんでした)

日常会話で、{That} makes sense.「(それは) 意味をなします」→「なるほど」は非常に便利な表現です。疑問文で Does that make sense?「わかる？・通じてる？」もよく使われます。

2 make O C：O を C にする（させる）※ O が C の状況を作る

The news of his success made his parents happy.
(彼が成功したとの知らせを聞いて、両親は喜んだ)

直訳は「彼の成功の知らせが両親を幸せにした」です。S make OCは、「SがOをCにする」→「Sによって、OはCする（OはCになる）」と訳すときれいな日本語になることが多いです。

Review!
□ have/has
□ have a cold
□ have a good time

539

leave

[líːv] リーヴ

》核心《 ほったらかす

leave - left - left

1 残す、置き忘れる ※物をほったらかす

❶ I left my umbrella in the restaurant.
（私はレストランに傘を忘れました）

❷ May I leave a message?
（伝言をお願いできますか？）

leave a messageで、直訳「メッセージをほったらかす」→「伝言を残す」となります。take a message「メッセージを受けとる」→「伝言を承る」（536番）の逆です。

2 出発する ※場所をほったらかす

❶ The plane leaves Narita at 4 P.M.
（その飛行機は午後 4 時に成田を出発します）

❷ I left for school at 7:15 today.
（今日は 7 時 15 分に学校に向かいました）

leave for ～ で「～に向かって（for）出発する（leave）」となります。

❸ The plane left Tokyo for San Francisco at 3 P.M.
（その飛行機は午後 3 時にサンフランシスコに向けて、東京を出発しました）

leave A for Bで「Bに向かって（for）Aを出発する（leave）」となります。

3 leave O C：O を C のままにする ※ O を C のままほったらかす

You can leave the door open.
（ドアは開けたままでいいよ）

leave the door open「ドアを開けたままほったらかす」→「ドアを開けたままにする」です（この openは「空いている」という形容詞）。応用として、「仕事をほったらかして任せる」→「預ける・任せる」、「仕事をほったらかして休暇をとる」→「休暇」、「休暇のために上司の許可をとる」→「許可」という意味もあります。たとえば、sick leaveは「病欠」です。

周回Check! 1 ／ 2 ／ 3 ／

540

keep

[kíːp] キープ

》核心《 ある程度長い時間保持する

keep - kept - kept

1 持ち続ける ※物を保持する

❶ How long can I keep a library book?
(図書館の本をいつまで借りられますか?)

「どのくらいの期間（How long）本を保持する（keep）ことができますか?」→「本をいつまで借りられますか?」となります。

❷ Keep the change.
(お釣りは結構です)

changeは「お釣り」という意味で（お札が小銭に姿を変えたもの)、「お釣りを保持してください」→「お釣りはとっておいてください／お釣りは結構です」となりました（376番)。海外でタクシーに乗ったときなどに便利な表現です。

2 keep 形容詞：～のままである ※状態を保持する

❶ Please keep quiet in the movie theater.
(映画館ではお静かにお願いします)

「静かな状態を（quiet）保持して（keep)」→「静かにして」となります。

❷ 熟語 **keep -ing**：～し続ける
The phone kept ringing.
(スマホが鳴り続けた)

「鳴っている状態（ringing）を保持する」→「鳴り続ける」となります。

3 keep O C：O を C のままにしておく ※O を C の状態に保持する

I'm sorry to keep you waiting.
(お待たせしてすみません)

"keep O(you) C(waiting)" の形です。「あなたが待つ状態を保持する」→「あなたを待たせる」という意味です。「あなたが待つ」という能動関係なので、waitの -ing形（waiting）を使います。

Review!
□ make □ make friends with ～ □ leave
□ make a mistake □ make sense

541

work　核心 がんばる

[wə́ːrk] ワーク

1 働く ※人ががんばる

Many people work from Monday to Friday.
（多くの人が月曜日から金曜日まで働きます）

2 機能する ※機械ががんばる

This computer isn't working well.
（このコンピューターはうまく動かない）

3 （薬が）効く ※薬ががんばる

This medicine works quickly.
（この薬はすぐに効きます）

4 名 作品 ※がんばった結果生まれたもの

That artist's works can be seen in museums around the world.
（その芸術家の作品は世界中の美術館で見ることができます）

workは「仕事」の意味では数えられない名詞です（「働く人間」は目に見えますが、「仕事・労働そのものは目に見えない」という発想から、1つひとつを数えません）。一方、「作品」の意味ではハッキリした形があるため、数えられる名詞になります。例文でも複数のsがついていますね。

基本動詞
前置詞
文型動詞
接続詞

542

play 核心 する

[pléi] プレイ

1 play +スポーツ：～をする

My father plays golf every Sunday.
（私の父は毎週日曜日にゴルフをします）

2 play the 楽器：～を演奏する

Sakura plays the piano very well.
（サクラはとても上手にピアノを弾きます）

「楽器」の前には原則theがつきます。theは「共通認識」を表し、ピアノと聞けば誰でも同じ形・色を思い浮かべる、つまり共通認識できるのでtheを使うと考えればいいでしょう。

3 遊ぶ

Playing with my friends is a lot of fun.
（友達と遊ぶのはとても楽しい）

あくまで子どもの遊びによく使い、たとえば大人が友達とドライブするときにplayは使えないので注意してください。

4 名 演劇

The play was a big success.
（その演劇は大成功だった）

5 player 名 選手、プレーヤー

He is the best tennis player in our school.
（彼は私たちの学校で最もテニスが上手です）

動詞に-erがつくと「～する人」という意味になります。例文の直訳は「彼は私たちの学校で最も上手なテニス選手だ」です。

Review!
- □ keep
- □ keep -ing
- □ work

543

get
[gét] ゲット

核心 あらゆるものをゲットする

get - got - got[gotten]

1 得る

❶ She got a new car last week.（彼女は先週新しい車を手に入れた）

❷ She got a headache from the construction noise.
（彼女は工事の騒音のせいで頭が痛くなった）

get a headacheで「頭痛をゲットする」→「頭が痛くなる」です。このように「（無意識に）ゲットする」ときにも使えます。ちなみに、例文のfromは「～が原因で」という意味です（569番）。

2 理解する ※説明をゲットする

Do you get it?（わかった？）

itは「今言ったこと」を表し、「今の説明（it）が（頭の中に）ゲットできた？」→「わかった？」となりました（日本語では「わかった」と過去形を使いますが、英語は Do you get it? と現在形を使うのが普通です）。単に Get it? とも言います。返答では、I get[got] it.「わかりました・了解です」とよく言います。

3 get 形容詞 ：～になる

It's getting darker outside.（外は暗くなってきています）

4 get 人 物 ：人 に 物 を与える

He got me an iPad.（彼は私に iPad をくれました）

"動詞 人 物" の形の場合、「人 に 物 を与える」という意味になるのが原則です（詳細は p.236）。「ゲットして与える」と考えればOKです。

5 get to ～：～に到着する

We finally got to the station.（私たちはついに駅に着きました）

ワンポイント 入試頻出の「到着する」を表す3パターン

get to ～ ≒ arrive at[in] ～ ≒ reach ～「～に到着する」をセットでおさえておきましょう。たとえば、とある難関校では（×）reached to New York Cityを（○）reached New York Cityに直す問題が出ました。

周回Check! 1 ／ 2 ／ 3 ／

544

go ›核心‹ 中心から離れていく

[góu] ゴウ　go - went - gone

1 行く

❶ Let's go to the pool.（プールへ行きましょう）
❷ Is that for here or to go?（店内でお召し上がりですか？　お持ち帰りですか？）
直訳は「それはここで食べるためのものですか（for here）、もしくはここから離れて行きますか（to go）？」です。

2 （物事が）進行する

How's it going?（調子はどう？）
itは漠然とその場の「状況」を表し、直訳は「状況は（it）どのように（how）進行していますか（go）？」です。

3 go 形容詞：～になる ※（中心から離れて）～の状態に行く

Our plan went wrong.（私たちの計画は失敗した）
go wrong「悪い状態になる」→「うまくいかない・故障する」です。goは「中心から離れる」ことから悪い状態になるときによく使われます。

545

come ›核心‹ 中心にやってくる

[kʌ́m] カム　come - came - come

1 来る

Please come and see me.（どうぞ会いに来てください）

2 行く

A：Dinner is ready, Ken.（夕飯ができたよ、ケン）
B：I'm coming.（今行くよ）
話題の中心（ここでは夕食）に近づくときにはcomeが使われます。

3 come 形容詞：～になる ※～の状態に向かってくる

Dreams come true.（夢は実現する）
come true「真実の状態になる」→「実現する」です。comeは「中心に向かう」ことから良い状態・元の状態になるときによく使われます。

Review!
□ play　□ get 人 物
□ get　□ get to ～

546

help 【核心】助ける、手伝う

[hélp] ヘルプ

1 help [人] with ～：[人] の～を手伝う

Yamato helped me with my homework.
（ヤマトは私の宿題を手伝ってくれました）

💡 helpの目的語は必ず「人」です。（×）help my homeworkとするミスが多いのですが、（○）help me with my homeworkとする必要があります。

2 help [人] {to} [原形]：[人] が～するのを手伝う ※ to は省略可

The police officer helped the child find her mother.
（警察官はその子が母親を見つけるのを手伝いました）

💡 help [人] to [原形]、help [人] [原形] のどちらの形も OKです（文法問題でよく狙われます）。応用として、help {to} [原形]「～するのに役立つ」の形でも使えます（この toも省略可）。

3 熟語：help oneself to：[物] を自由に飲食する・使う

Please help yourself to anything you like on the table.
（テーブルの上の好きな物をご自由にお召し上がりください）

547

think 思う、考える

[θíŋk] スィンク think - thought - thought

❶ think {that} sv：svすると思う

I think she will come here by six.
（彼女は 6時までにここに来ると思います）

💡「思う・言う」という意味の動詞は後ろに that節をとることが多いです（詳しくは p.240）。また、この thatはよく省略されます。

❷ think of[about] ～：～について考える

Every day he thinks of playing baseball.
（毎日、彼は野球をすることを考えています）

548

try 試す

[trái] トゥライ

❶ 試す

Try this delicious cheesecake.
（このおいしいチーズケーキを食べてみてよ）

❷ try to [原形]：～しようとする

The boy tried to open the door.
（その少年はドアを開けようとした）

❸ try -ing：試しに～してみる

Ken tried talking to her.
（ケンは試しに彼女に話しかけてみた）

❹ try ～ on：～を試着する

Can I try it on?
（それを試着してもいいですか？）

周回Check! 1 ／ 2 ／ 3 ／

見る 関連の動詞

549

look 核心 視線を向ける

[lúk] ルック

1 視線を向ける

❶ 熟語 **look at** ～：～を見る ※一点（at）に視線を向ける
Look at me.（私を見て）

❷ 熟語 **look for** ～：～を探す ※～を求めて（for）視線を向ける
Will you look for my key?（僕のカギを探してくれない？）

❸ 熟語 **look after** ～：～の世話をする
She has to look after her brother on Saturday.
（彼女は土曜日に弟の世話をしなければなりません）

直訳は「～の後ろに（after）視線を向ける（look）」です。「遊んでいる弟の後を目で追う」イメージになります。

❹ 熟語 **look forward to -ing**：～するのを楽しみにする
I'm looking forward to seeing you again.
（あなたにまた会えるのを楽しみにしています）

forwardは「将来に向かって」という意味があります。「将来に向けて視線を向ける」→「楽しみにする」となりました。このtoは不定詞ではなく「前置詞」なので、後ろには動詞の原形ではなく「動名詞」がきます。

2 ～のように見える、～のようだ

❶ **S look 形容詞 .**
Our English teacher looked tired yesterday.
（私たちの英語の先生は昨日疲れているように見えた）

❷ **S look like 名詞 .**
That cloud looks like a monkey.（あの雲はサルのように見えます）

lookの後ろに 名詞 がくるときは"look like 名詞"の形にします。このlikeは「～のように」という意味の前置詞です。

Review!
□ go
□ come
□ help 人 with ～
□ help 人 {to} 原形
□ think of[about] ～
□ try to 原形

550

see

[síː]スィー

》核心《 自然と視界に入る

see - saw - seen

1 see ～：～を見る

I usually wait for the DVDs, but I want to see that movie in the theater.
(普段は DVD を待ちますが、その映画は映画館で見たいと思っています)

映画館の大きなスクリーンだと、自然と視界に入ってきますよね。

2 see 人：人 に会う

I saw Mr. Smith yesterday.（私は昨日スミス先生に会いました）

3 see 医者：医者 に診てもらう

You should go to see a doctor.
(医者に診てもらいに行ったほうがいいよ)

4 わかる ※見てわかる

Do you see what I mean?（私の言っていることはわかりますか？）

551

watch

[wátʃ | wɔ́tʃ] ワッチ

》核心《 (動いているものを)じっと見る

1 見る

Do you want to come over and watch TV?(うちに来てテレビを見るのはどう？)

テレビは（今でこそ大画面も普通ですが）本来は小さいもので、画面で「(動いているものを）じっと見る」必要があったわけです。

2 気をつける

Watch your step.（足もとに気をつけてください）

3 観察する

As a child, she liked to watch birds and animals.
(子どもの頃、彼女は鳥や動物を観察するのが好きだった)

「バードウォッチング」のイメージです。

周回Check! 1 ／ 2 ／ 3 ／

聞く 関連の動詞

552

listen 核心 注意して聞く

[lísn] リスン

1 listen to 〜：〜を聞く

Listen to me.（私の話を聞きなさい）

553

hear 核心 自然と耳に入る

[híər] ヒア

hear - heard - heard

1 hear 〜：〜が聞こえる

I listened, but heard nothing.（耳を澄ましたけど、何も聞こえなかった）

listenは「意識的に耳を傾ける」、hearは「自然と耳に入ってくる」イメージです。

2 熟語 hear of 〜：〜を耳にする、〜の噂を聞く

I have heard of him.（彼について聞いたことがあります）

3 熟語 hear from 〜：〜から便りがある、連絡がある

I am looking forward to hearing from you again soon.
（近いうちにまたご連絡をいただけることを楽しみにしています）

昔は「便りがある」と訳されていましたが、現代では必ずしも「手紙」である必要はなく、メールで「連絡がある」ときにも使えます。

ワンポイント 高校入試でよく狙われる書き換え

A hear from B = B write to A（BはAに手紙を書く）

He hasn't heard from his parents for a long time.

= His parents hasn't written to him for a long time.

Review!
□ look at 〜 □ look after 〜 □ see
□ look for 〜 □ look forward to -ing □ watch

話す 関連の動詞

554 **speak** [spíːk] スピーク | 話す
speak - spoke - spoken

❶ **speak** 言語 (他動詞)
She speaks English well.
(彼女は上手に英語を話します)

❷ **speak to** 人 : 人に話しかける
A stranger spoke to me.
(見知らぬ人が私に話しかけました)

❸ **speak about** ～: ～について話す
They often speak about their future.
(彼らは自分たちの将来についてよく話す)

「言語を話す」というときだけ "speak 言語" の形にできます。その他の場合は、名詞の前に toなどの前置詞が必要です。

555 **talk** [tɔ́ːk] トーク | おしゃべりする

❶ **talk with** 人 : 人と話す
Kana stopped to talk with Hiroki.
(カナはヒロキと話すために立ち止まった)

❷ **talk to** 人 : 人に話しかける
Hello. May I talk to Miss White?
(もしもし、ホワイトさんをお願いしたいのですが) ※電話にて

❸ **talk about** ～:～について話す
We talked about our hobbies.
(私たちは趣味について話しました)

556 **say** [séi] セイ | 言う
say - said - said

❶ **say** ～ **to** 人 : 人に～を言う
Say "hi" to your sister for me.
(妹さんによろしくね)

❷ **say to** 人 **that** S V : 人にS Vすると言う
Kota said to me that Makiko likes me.
(コウタは僕に、マキコは僕のことが好きなんだと言った)

❸ 熟語 **say to oneself** : 独り言を言う、心の中で思う ※例文は p.251

557 **tell** [tél] テル | 伝える
tell - told - told

❶ **tell** 人 物 : 人に物を伝える
Could you tell me your idea?
(私にあなたの考えを教えてくれませんか?)

❷ **tell** 人 **that** S V : 人にS Vすると伝える
Paul told me that he was thinking about changing jobs.
(ポールは僕に転職を考えていると言った)

❸ **tell** 人 **to** 原形: 人に～するように言う

❹ **tell** 人 **about[of]** 物 : 人に物について伝える

周回Check! 1 ／ 2 ／ 3 ／

教える 関連の動詞

558

teach [tíːtʃ] ティーチ ｜ 教える
teach - taught - taught

❶ **teach** 人 物：人に物を教える
Mr. Oka teaches us math.
（オカ先生は僕らに数学を教えています）

❷ **teach** 物 **to** 人：人に物を教える
Mr. Arai teaches English to us.
（アライ先生は僕らに英語を教えています）

559

show [ʃóu] ショウ ｜ 見せる

❶ **show** 人 物：人に物を見せる
Please show me your passport.
（私にパスポートを見せてください）

❷ **show** 人 **around**：案内する
I'll show you around.
（あなたを案内しましょう）

ワンポイント 英作文で役立つ teach ／ tell ／ show の違い

① **teach** …「勉強」や「技術」を教える
② **tell** ……… 勉強や技術以外のものを教える／たとえば「道」などを口頭で教えるとき
③ **show** …… 図やグラフなどを使って教える／たとえば「道」などを図示するとき
※「道を教える」というときにteachは使いません。

学ぶ 関連の動詞

560

study [stʌ́di] スタディ ｜ 勉強する

❶ 勉強する
He is studying for the exam.
（彼は試験勉強をしています）

❷ 研究する
He studies social problems.
（彼は社会問題を研究しています）

561

learn [lə́ːrn] ラーン ｜ 学んでマスターする

❶ 学ぶ
I learned a lot about fixing cars.
（私は車の修理について多くを学びました）

❷ 習う
Rina is learning how to play the flute.
（リナはフルートの演奏法を習っています）

ワンポイント study と learn は何が違うの？

study …「勉強する」という行為自体に重点が置かれる
learn ……「学習した結果それを習得した」という意味
I studied English.（「とにかくそのときは英語を勉強した」という意味）
I learned English.（「英語を学習してマスターしたぜ！」という意味）

Review!
□ listen　□ speak　□ say
□ hear　□ talk　□ tell

CHAPTER 4

熟語に強くなる前置詞

簡単そうに見えて、とても奥が深いのが前置詞です。たとえばonは「上」とだけ覚えると、中学英語は乗り切れても、高校レベルで必ず伸び悩みます。ここでは将来につながる前置詞の考え方を紹介していきます。前置詞の核心から考えることで、様々な意味をスッキリ理解でき、さらに熟語も攻略できるのです。

562

at 》核心《 一点

物事を「一点」でとらえるのが atです。その一点をめがけるところから「めがける一点」の意味に発展しました。「一点をビシッと指す矢印」のイメージです。

1 場所の一点：～で

❶ Are you at the station?（駅にいますか？）

地図上で場所を「点」としてとらえるイメージです。実際の広さは関係なく、地名でもレストランでも「その場所の一点で」というときに使われます。

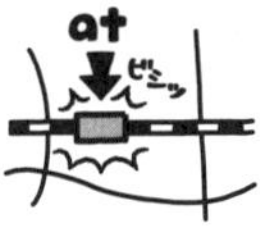

❷ 熟語 **be good at ～ [-ing]**：～［～するの］が得意だ
※直訳「～するという点で(at)良い(good)」

2 時の一点：～で

❶ The movie starts at 3 p.m.（映画は午後 3 時から始まります）

時計の針が「3時という一点」をビシッと指すイメージです。「3時から」という日本語につられて fromを使わないように注意してください。

❷ 熟語 **at the age of ～**：～歳のときに

❸ 熟語 **at first**：最初は

直訳は「最初の一点では」です。「最初は○○だったが、後で△△になった」のように、変更・対比を表す際によく使われます。英作文で「1つめの理由」を挙げるときには使えません（すごくミスが多い）。

❹ 熟語 **at last**：ついに、とうとう

3 対象の一点：～をめがけて

❶ 熟語 **look at ～**：～を見る ※「視線を一点に向ける」イメージ

❷ 熟語 **laugh[smile] at ～**：～を笑う ※「笑いを一点に向ける」イメージ

4 感情の対象：～して

熟語 **be surprised at ～**：～に驚く

「at ～ に意識が向いて、その結果驚かされた（be surprised）」ということです。be shocked at ～「～にショックを受ける」、be excited at ～「～にワクワクする」など、強い感情には atが使われる傾向にあります。

Review!
□ teach　□ show　□ study
□ teach 物 to 人　□ show 人 around　□ learn

by 核心 近く

受動態で使われる「〜によって」が有名ですが、本来は「近接（〜の近くに）」を表します。核心から考えることで、難しい熟語も攻略できます。

by the door

1 近接：〜の近くに

❶ The knife is by the sink.（ナイフは台所の流しのそばに置いてあります）

❷ 熟語 **stand by**：待機する、傍観する、味方する

直訳は「〜の近くに立つ」で、そこから「舞台の近くに立つ」→「待機する（スタンバイする）・傍観する」、「（精神的に）近くに立つ」→「味方する」となりました。

❸ 熟語 **by the way**：ところで

話題を変えたり、本題に入ったりするときに使われます。

2 経由：〜を通って

❶ Stan entered by the back door.（スタンは裏口から入ってきた）

「〜の近く」→「（〜の近くを）通って」となりました。

❷ 熟語 **by mistake**：間違えて、うっかり　※直訳「ミスを経由して」

3 行為者：〜によって

The vase was broken by Tom.（その花瓶を割ったのはトムです）

「割れたときに花瓶のそばにいたのはトム」→「トムによって割られた」と考えればOKです。

4 手段：〜によって

We went to Hakone by train.（私たちは電車で箱根に行きました）

by train「電車（という手段）で」、by e-mail「Eメールで」などと使われます。この用法ではaやtheをつけない点に注意してください。

5 期限：〜までに

I must finish my homework by tomorrow.
（私は明日までに宿題を終えなければなりません）

「締切の近くに（どんなに近づいてもOKだけど過ぎちゃダメ）」→「〜までには」という「期限」を表すようになりました。

周回Check!　1 ／　2 ／　3 ／

564

in 》核心《 包囲

「スッポリ包まれている」イメージです。

1 包囲：～の中に

❶ 場所の包囲

They live in Rome.（彼らはローマに住んでいます）

「ローマという空間の中に包まれて」という感覚です。inには「服に包まれて」→「～を着て」という意味もあります。in a suitは「スーツを着て」、in jeansは「ジーンズを履いて」です。

❷ in＋方角

The sun rises in the east and sets in the west.
（太陽は東から昇り、西に沈む）

英語では方角を「空間」でとらえます。日本語と英語の感覚の違いが言葉に出ている例です。

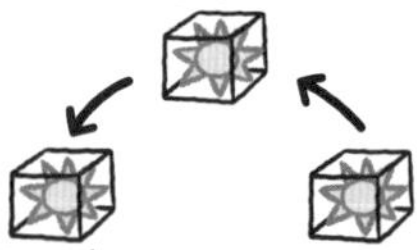

❸ 熟語 take part in ～：～に参加する　※基本動詞 take（p.197）参照

2 形式：～という形で

❶ in＋言語

Speak in English in this class.（この授業では英語で話しなさい）

speak in Englishは「英語という空間の中で・英語の範囲内で話す」→「英語（という形式で）話す」ということです。

❷ 熟語 in other words：言い換えれば、つまり
※直訳「他の言葉の形式で言うと」

❸ 熟語 in a row[line]：列になって、並んで　※直訳「列という形式で」

Review!
□ be good at ～　□ at first　□ laugh at ～
□ at the age of ～　□ look at ～　□ be surprised at ～

3 分野・範囲：～において

❶ He is an expert in artificial intelligence.（彼は人工知能の専門家です）

「～の中において・範囲内で」という感じです。例文は「人工知能という分野において専門家」ということです。

❷ 熟語 **be interested in ～：～に興味がある**

be interested in Japanese historyで「日本史に興味がある」という意味です。

❸ 熟語 **succeed in ～：～において成功する**

succeed in businessなら「ビジネスという分野の中で成功する」です。

❹ 熟語 **in fact：実際は**　※直訳「事実の範囲では」

4 時の包囲：～に

❶ **in＋年号／in＋季節／in＋月**

Taku was born in 2023.（タクは2023年生まれだ）

in the morning「午前中」は「morningの範囲内で」ということです。このように数時間のことにも使えますし、in 2023「2023年に」やin the 21st century「21世紀に」のようにも使えます。「幅・広がりがある」と感じられる場合にinがつくのです。

❷ 熟語 **be in time for ～：～に間に合って**

❸ 熟語 **in those days：当時**

❹ 熟語 **in the future：将来**

❺ **経過：～後に、～したら**

I'll come back in an hour.
（私は1時間後に戻ってきます）

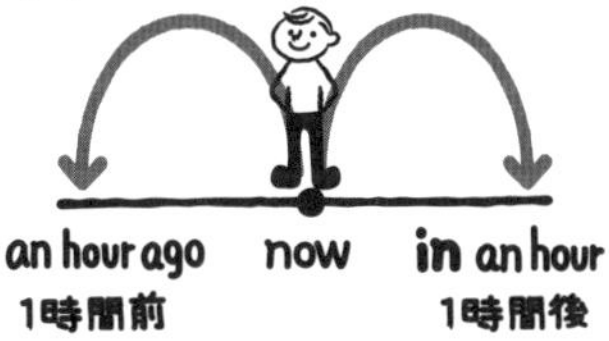

「時の包囲」→「経過（～後に・～したら）」の用法には注意が必要です。この意味だけは（空間ではなく）点を意識する必要があります。in an hourは「1時間以内」ではなく「1時間後」です。

565

for 》核心《 方向性

forといえば「～のために」が最初に浮かんでしまいがちですが、本来は「～に向かって」です。「気持ちが～に向かって」→「～のために」と変化したわけです。

1 方向性：～に向けて

❶ They left Tokyo for London two days ago.
（彼らは2日前にロンドンに向けて東京を出発した）

「方向性のfor」は電車で使われていて、「新宿行き」の電車にはFor Shinjukuと表示されています。

❷ Are you for or against the new policy?
（新しい方針には賛成ですか、反対ですか？）

「気持ちが～に向かって」→「～に賛成して」という意味もあります。againstは「～に反対して」です（574番）。

2 目的：～のために、～を求めて

❶ This present is for you. Please open it.
（このプレゼントはあなたのためのものです。開けてください）

「プレゼントがあなたに向かっている」イメージです。

❷ 熟語 **look for ～**：～を探す　※基本動詞look（p.208）参照
Sakura looked for her cell phone.（サクラは自分の携帯電話を探した）

❸ 熟語 **wait for ～**：～を待つ

3 交換：～と交換に

❶ I paid 300 yen for the pen.（そのペンに300円を支払いました）

「そのペンのために300円払う」ということは「ペンと交換に300円払う」とも言えますね。ここからforは「交換」の意味が生まれました。

❷ 熟語 **change A for B**：AをBと交換する
Miku changed her dress for another.
（ミクはドレスを別のものと交換した）

❸ 熟語 **pay for ～**：～の支払いをする　※直訳「～と交換にお金を払う」

❹ 熟語 **for free**：無料で　※直訳「0円(free)と交換で」

Review!
- □ stand by
- □ by the way
- □ by mistake
- □ take part in ～
- □ in other words
- □ in a row

4 理由：～を理由に

❶ 熟語 **thank A for B**：A に B のことで感謝する
Thank you for coming!（来てくれてありがとう！）
thank you for ～ は本来「～を理由にあなたに感謝する」という意味です。

❷ 熟語 **be known[famous] for ～**：～で知られている[有名だ]
Nagano is known for its ski resorts.
（長野はスキーリゾートで知られている）
「～を理由に知られている」ということです。be known to ～「～に知られている」（「到達」を表す to）、be known as ～「～として知られている」（as ～「～として」）との区別がよく狙われます。

5 範囲限定・期間：～に限定すると、～の間

❶ It hasn't rained for three months.（3ヵ月間雨が降っていません）
forの核心である矢印（→）のイメージが重なっている期間に限定するイメージです。for three months「3ヵ月間」は、本来は「永遠に流れていくときの中で3ヵ月に限定すると」ということです。

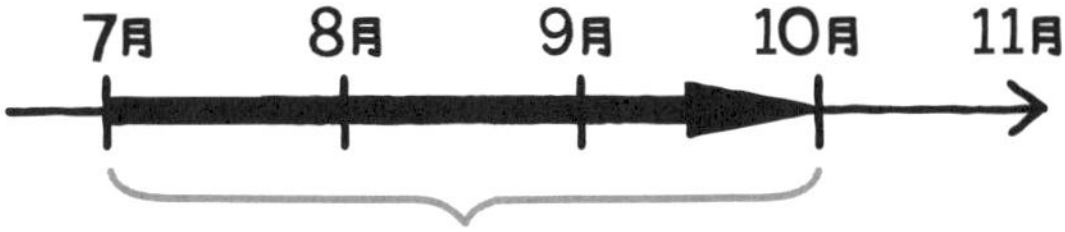

❷ 熟語 **for a long time**：長い間

❸ 熟語 **for a while**：しばらくの間

❹ 熟語 **for the first time**：初めて

❺ 熟語 **for one's age**：年齢のわりに
My uncle looks young for his age.（私のおじは年のわりに若く見えます）
「（全体で比較するとそうでもないかもしれないが）その人の年齢に限定すると」という感覚です。

6 よく出る熟語

熟語 **for example**：たとえば　　熟語 **be late for ～**：～に遅れる

566

on 核心 接触

最初は「上」と教わりますが、重力の関係で上にあることが多いだけで、「接触」していれば上下左右どこであっても、onを使うのです。

1 接触：～にくっついて

❶ Let's hang the painting of the ships on the wall.（船の絵を壁にかけよう）
絵と壁が「接触」しているのでonを使います。

❷ 熟語 **put on ～**：～を身につける

❸ 熟語 **try on ～**：～を試着する

❹ 熟語 **turn on ～**：（スイッチなどを）つける

❺ 熟語 **get on ～**：（乗り物）に乗る ⇔ **get off ～**：（乗り物）から降りる

2 進行中：～が進行中で

❶ 熟語 **go on -ing**：～し続ける
「動作に接触」→「進行中」の意味があります。go on -ingは「動作にくっついた状態で進む」ということです。

❷ 熟語 **on a diet**：ダイエット中で

❸ 熟語 **on the phone**：電話に出て

❹ 熟語 **on one's way to ～**：～へ行く途中で

❺ 熟語 **on one's way home**：帰る途中で

❻ 熟語 **go on a trip**：旅行に行く

3 意識の接触：～について

Do you have any books on starting your own company?
（起業に関する本は持っていますか？）
「心・思考が接触している」→「～について」という意味が生まれました。a book on ～ は「～についての本・～に関する本」です。

Review!
□ be interested in ～　□ in fact　□ in those days
□ succeed in ～　□ be in time for ～　□ in the future

4 依存：～に頼って

❶ You can get more information on the Internet.
（インターネットでもっと多くの情報が得られますよ）

「意識の接触」が発展して、「依存」の意味が生まれました。on the Internet は「インターネットという手段を頼りにして」→「インターネットで」ということです。

❷ 熟語 **on foot**：徒歩で　※直訳「足に依存して」

❸ 熟語 **depend on ～**：～に頼る、～次第だ

5 時間上での接触

❶ 熟語 **on time**：時間通りに　※直訳「(予定)時間と接触して」

❷ 熟語 **on -ing**：～するとすぐに
※「2つの動作が（時間上）接触している」イメージ

ワンポイント　時間・日付に使う前置詞

時刻：at eight「8時に」　※「一点」の at
曜日：on Saturday「土曜日に」　※「依存の on」と考えるのもアリで、「日曜なので礼拝に行く」は「曜日に依存して」行動しているという発想
日付：on July 4「7月 4日に」　※「日付」=「曜日」と考える
週末：on[at] the weekend「週末に」　※週末を日付とみなすと on／大きな一点とみなすと at
月：in August「8月に」　※「1ヵ月」は「幅・空間」の in
季節：in summer「夏に」
年号：in 2023「2023年に」
世紀：in the 21st century「21世紀に」

I washed my father's car on Sunday.（僕は日曜日に父の車を洗った）
The school festival will be held on May 4.（学園祭は 5月 4日に行われる予定です）

567

to 核心 方向・到達

to不定詞は「未来志向」で矢印（⇒）のイメージです。前置詞もこれと同じ“⇒”のイメージで、「矢印の方向に向かって（方向）、きっちり行き着く（到達）」イメージになります。

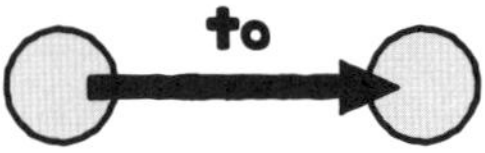

※もちろん不定詞は“to + 原形”、前置詞は“to + 名詞”と形は異なります。

1 方向・到達：～に向かって行き着く

❶ Mr. Yamada drives to school every day.
（ヤマダ先生は毎日車で学校へ行きます）

❷ 熟語 **be kind to ～**：～に親切にする

❸ 熟語 **be known to ～**：～に知られている

❹ 熟語 **take A to B**：A を B に連れて[持って]いく

❺ 熟語 **bring A to B**：A を B に持ってくる

❻ 熟語 **invite A to B**：A を B に招待する

❼ 熟語 **introduce A to B**：A を B に紹介する

❽ 熟語 **get to ～**：～に到着する（≒ arrive at[in] ～≒ reach ～）

❾ 熟語 **speak to ～**：～に話しかける

❿ 熟語 **thanks to ～**：～のおかげで

2 一致：～に一致して

❶ 熟語 **belong to ～**：～に所属している
He belongs to the soccer club.（彼はサッカー部に所属しています）
到達した結果「一致」するイメージです。belong to ～ は「～に所属する」という訳語で習うことが多いですが、The black bag belongs to me.「その黒いカバンは私のです」のようにも使えます（物 belong to 人「物 は 人 のものだ」）。

❷ 熟語 **next to ～**：～の隣に

Review!
☐ look for ～
☐ wait for ～
☐ change A for B
☐ pay for ～
☐ for free
☐ thank A for B

568

with 核心 付帯

「対立」→「付帯・携帯」→「道具」の意味になりました。

A with Bは本来ライバル関係（A vs. B）を示していましたが、新たな敵が現れて手を組んで「一緒に」戦うようになったイメージです。現代英語では「付帯（一緒に・～を持って）」がメインですが、「相手」の意味を知っておくと様々な熟語も攻略できますよ。

1 付帯・携帯：～を持って → 道具：～を使って

❶ Do you want to go shopping with us?
（私たちと一緒に買い物に行かない？）

❷ I'd like tea with lemon.
（私はレモンティーが飲みたい）

❸ The girl with long hair is my sister Nozomi.
（髪が長いその女の子は私の妹のノゾミです）

❹ Japanese people eat with chopsticks.
（日本人は箸を使って食べます） ※道具「～を使って」

❺ 熟語 **be filled with ～**：～でいっぱいだ（≒ be full of ～）

❻ 熟語 **be covered with ～**：～で覆われている

2 付帯状況：～しながら ※ with OC「O が C のままで」

❶ Don't speak with your mouth full.
（口をいっぱいにして（食べながら）話してはいけません）

「～と一緒に」→「～のままで」となりました。前置詞の後ろは名詞が1つだけというのが原則ですが、この「付帯状況の with」の場合、withの後ろに2つの要素がきます。

❷ Tatsuya sat on the chair with his eyes closed.
（タツヤは目を閉じたままイスに座った）

周回Check! 1 ／ 2 ／ 3 ／

💡「彼の目が（脳の命令によって）close される」という受動関係なので、過去分詞形（closed）を使います。他に、with one's arms folded「腕を組んで」や with one's legs crossed「足を組んで」もよく出ます。

❸ He came to my house with a few books under his arm.
（彼は数冊の本を腕の下にはさんで僕の家にやってきました）

❹ Don't enter the house with your shoes on.
（靴を履いたまま家に入ってはいけません）

3 対立・相手：～に対して・～を相手に → 関連：～について

❶ 熟語 **be angry with ～**：～に怒る
Miyu was angry with Haruma for reading the text messages on her phone.
（ミユは、ハルマが彼女のスマホのメッセージを読んだことに怒っていた）

💡「一緒に怒っている」と思い込んでしまいがちですが、実際には be angry with 人 は「人 に対して怒っている」の意味で使われることが多いんです。

❷ 熟語 **make friends with ～**：～と友達になる

❸ 熟語 **shake hands with ～**：～と握手する

❹ 熟語 **agree with ～**：～に賛成する

❺ 熟語 **be satisfied with ～**：～に満足している

❻ 熟語 **be pleased with ～**：～に喜ぶ

❼ 熟語 **help 人 with ～**：人 の～を手伝う

Review!
□ be known for ～　□ for a while　□ for one's age
□ for a long time　□ for the first time　□ be late for ～

569

from 核心 出発点

「ある起点からスタートする」イメージです。「(出発点から) 離れて」→「分離」→「頭の中で分離」→「区別」という全体像を意識してください。

1 出発点：～から

❶ The trip from Hakata to Tokyo takes five hours on the *shinkansen*.
(博多から東京への移動は新幹線で5時間かかります)

❷ 熟語 **be from ～**：～出身だ

❸ 熟語 **hear from ～**：～から便りがある、連絡がある

2 原料：～を原料にして

熟語 **be made from ～（原料）**：～で作られている
Wine is made from grapes.（ワインはブドウから作られます）
「ワインはブドウを出発点として作られている」という意味です。様々な工程を経て、「原料がもはや目で見てわからない（分離した）状態になる」イメージです。

3 原因：～が原因で

熟語 **die from ～**：～で死ぬ
The grasshopper died from hunger.（キリギリスは空腹で死んだ）
「空腹を出発点として死に至る」イメージです。

4 分離：～から離れて

熟語 **be absent from ～**：～を欠席する
absentは「いない・不在」という意味で、「～から離れて不在」というイメージです。

5 区別：～と区別して、異なって

❶ 熟語 **be different from ～**：～と異なって

❷ 熟語 **differ from ～**：～と異なる

❸ 熟語 **distinguish[tell/know] A from B**：AとBを区別する

周回Check! 1 ／ 2 ／ 3 ／

570

# of 核心 分離→結合→所有

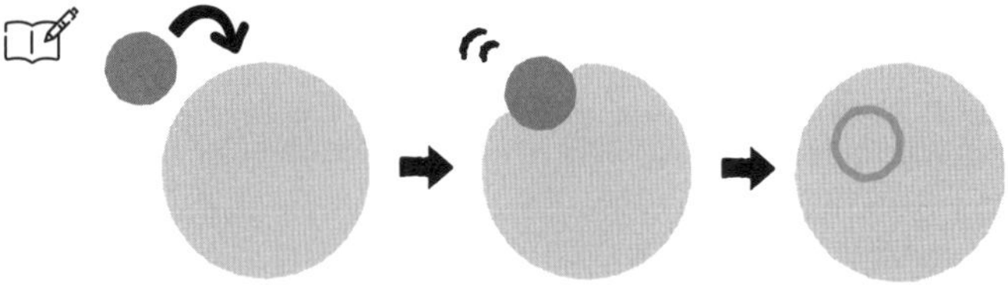

「所有（～の）」の意味が有名ですが、本来は「分離」です。ポーンと離れていたものが（分離）、グーッと粘土みたいにくっついて（結合）、その結果吸収されちゃった（所有）という感じです。

1 分離：～を離れて

❶ 熟語 **be free of ～**：～がない

❷ 熟語 **out of ～**：～から（外へ）

❸ 熟語 **out of order**：故障中
This elevator is out of order. We have to take the stairs.
（このエレベーターは故障中です。階段を使わないといけません）

out ofは「～の外へ」、orderは「命令」や「秩序」という意味です。「秩序がとれている・機能している状態の外」→「故障した状態」となります。海外のエレベーターや自動販売機に張り紙でout of orderとよく貼ってあります。

2 結合→材料：～を材料にして

❶ 熟語 **be made of ～（材料）**：～で作られている
This wall is made of stone.（この壁は石でできています）

ワンポイント be made of と be made from の区別
be made of 材料（＝目で見て元の物質がわかるもの）
be made from 原料（＝目で見て元の物質がわからないもの）
fromは「分離」ですが、ofは「微妙につながっている」感じから、「目で見て元の物質がわかる材料」に使われるわけです。

❷ 熟語 **consist of ～**：～から構成されている

Review!
□ put on ～　□ turn on ～　□ go on -ing
□ try on ～　□ get on ～　□ on a diet

3 所有・部分：A of B「B のうちの A」

❶ I have many pictures of my family.
（私は家族の写真をたくさん持っています）

❷ She saw a friend of mine at the bookstore.
（彼女は本屋で私の友達の 1 人に会った）

❸ He is the tallest of the three.
（彼は 3 人の中で最も背が高い）

💡 the 最上級 of ～「～の中で最も…だ」の形は入試でよくポイントになります。

4 関連：～について

❶ 熟語 **think of ～**：～について考える

💡「頭の中で所有」→「～について（考える・言う）」という意味が生まれました。「考える・言う」系統の動詞・形容詞に ofがついていたら、その ofは「～について」という意味になります（aboutに近い意味）。以下もすべて同じ用法です。

❷ 熟語 **know of ～**：～について知っている

❸ 熟語 **speak[talk] of ～**：～について話す

❹ 熟語 **hear of ～**：～を耳にする、～の噂を聞く

❺ 熟語 **be afraid of ～**：～を怖がっている、心配している
I'm not afraid of dying.
（私は死ぬのを恐れていません）

💡 be afraid of ～の直訳は「～について恐れをなしている」です。

❻ 熟語 **be proud of ～**：～を誇りに思う

❼ 熟語 **be aware of ～**：～に気づいている

❽ 熟語 **be sure of ～**：～を確信している

❾ 熟語 **be fond of ～**：～が好きだ（≒ like ～）

周回Check! 1 ／ 2 ／ 3 ／

571

about 》核心《 周辺

本来は「～の周りに」という意味で、文字通りアバウトな感じでぐるっと周りを囲むイメージです。「数字の周辺」→「約・およそ」、「話題の周辺」→「～について」となりました。

1 ～の周りに

❶ We've been walking about the city for hours.
（もう何時間も市中を歩き回っているよ）

「都市の周りを歩いている」イメージです。

❷ There's something strange about Allison today.
（今日のアリソンはどこか変だ）

There is something 形容詞 about 人.「人 には 形容詞 なところがある」というよく使われる表現です。これも「人の周りに雰囲気が漂っている」イメージですね。

2 約、およそ

About two thousand people came to the concert.
（約 2,000 人がコンサートに来場しました）

about two thousand peopleで「2,000人の周り」→「約 2,000人」となります。

3 ～について

I learned a lot about Japanese culture.
（私は日本の文化について多くを学びました）

about Japanese cultureで「日本文化の周辺のこと」→「日本文化について」となります。

Review!
- □ on the phone
- □ on one's way to ～
- □ on one's way home
- □ go on a trip
- □ on foot
- □ depend on ～

572 over：～の上（上方）に　※「上を覆った」イメージ

❶ The ball went over the fence. It was a homerun!
（ボールはフェンスを越えて行った。ホームランでした！）

❷ 熟語 **get over ～**：～を乗り越える
He got over his illness at last.
（彼はついに病気を乗り越えた）

❸ 熟語 **be over**：終わる
The game was over. All the fans are going home.
（試合が終わり、ファンは全員帰宅している）

このoverは副詞ですが（直後に名詞がきていない）、イメージは変わりません。be overで「最後まで上を覆う」→「終わっている」となります。日本語でも「ゲームオーバー」と言いますね。

573 under：～の下に　※「（上から覆われて）下にある」イメージ

I found my keys under the sofa.
（私はソファの下でカギを見つけました）

over「上から覆う」の反対です。

574 against：～に反対して

Are you for or against Sena's suggestion?
（セナの提案には賛成、それとも反対？）

for or against ～「～に賛成もしくは反対して」の形です（for「賛成して」はp.218）

575 behind：～の後ろに

There is someone behind the tree.
（木の後ろに誰かがいる）

「背後」のイメージです。サッカー中継で「2点ビハインド」と使われますが、これは「2点後ろ（2点差で負けている）」という意味です。

576 through：～を通って

Our car ran through the tunnel.
（僕らの車はトンネルを走り抜けた）

「貫通する・突っ切る」イメージです。Monday through Friday「月曜から金曜まで（金曜も含む）」のようにも使われます。応用として「貫通した」→「終了した」という意

周回Check!　1 ／　2 ／　3 ／

味もあります。
例：I'm through with this book.「私はこの本を読み終えた／この本は使い終わった」

577 across：～を横切って

My dog Max swam across the river.
（私の犬のマックスは川を泳いで渡った）

「十字（cross）を切るように移動」→「～を横切って」というイメージです。「横切る」→「貫通（完全に横切って隅々まで浸透）」の意味もあり、across the country「国中に」／across the world「世界中に」なども使われます。

578 during：～の間

I stayed in Hokkaido during my summer vacation.
（私は夏休みの間、北海道にいた）

duringは前置詞（後ろに名詞がくる）、while「～する間」（644番）は接続詞（後ろにsvがくる）という品詞の区別が大事です。また、for ～ にも「～の間」の意味がありますが、duringの後ろには「特定期間」がくる点もポイントです。例文でも my summer vacation「私の夏休み」という特定期間がきていますね（「1週間」などの不特定の期間ではありません）。

579 till/until：～までずっと

He often studies till 7 in the evening.
（彼は夜7時までずっと勉強することがよくある）

入試では byと till・untilの使い分けがよく問われます。byは「～までには（期限）」、till・untilは「～までずっと（継続）」と覚えてください。

580 between：～の間で

There are some differences between your idea and mine.
（あなたの考えと私の考えには少し違いがある）

常に相手を意識して「ロックオン」している感覚で、2つのものに使われることが多いです。between A and B「AとBの間で」の形でよく使います。

581 among：～の間で

This song is popular among young people.
（この歌は若者の間で人気だ）

「たくさんのものに囲まれて」という感覚です（後ろには複数形などがきます）。

Review!

- □ on time
- □ be kind to ～
- □ be known to ～
- □ take A to B
- □ bring A to B
- □ invite A to B

582 without：～なしで

My brother Masaki usually drinks coffee without sugar.
（僕の兄のマサキはいつも砂糖なしでコーヒーを飲んでいる）

He left without saying goodbye.
（彼はさよならを言わずに去っていった）

withoutは1単語です。withとoutを離して書かないように注意してください。without -ingで「～することなしに」→「～せずに」となります。

583 into：～の中へ

She put her books into her bag.
（彼女は本をカバンの中に入れた）

inとtoがくっついた単語で、「突入（～の中に入っていく）」イメージです。応用として、「興味の対象に心が入っていく」→「興味がある・夢中だ」の意味もあり、会話でI'm into nail art.「私はネイルアートにハマっています」のように使えます。

584 along：～に沿って

I go for a walk along the river every morning.
（私は毎朝川沿いを散歩している）

585 near：～の近くに[で]

Is there a post office near the station?
（駅の近くに郵便局はありますか？）

586 since：～以来、～なので

❶ **前置詞**：～以来
He has lived here since 2015.（彼は2015年からずっとここに住んでいる）

❷ **接続詞**：～以来、～なので
She has used this dictionary since she was in junior high school.
（彼女は中学生のときからずっとこの辞書を使っている）

Since you're done with your homework, you can do anything you want.
（あなたは宿題が終わっているのだから、やりたいことは何でもやっていいですよ）

接続詞では「理由（～なので）」の意味もあります。本来は「起点」で、「時の起点（～以来・～から）」だけでなく、「動作の起点（ある行為をもとに）」→「～なので・～だから」も表すわけです。

周回Check! 1 ／ 2 ／ 3 ／

587 as：～として

❶ 前置詞：～として
My grandfather has worked as a volunteer for two years.
（私の祖父は2年間ボランティアとして働いてきた）

❷ 接続詞：～するとき、～なので
As I was going out, it started to rain.
（外出しようとしていたときに、雨が降り始めた）

「同時に」という意味が根底にあり、そこから「時（～するとき）・理由（～なので）」など様々な意味で使われます。例文は「外出しようとしている」と「雨が降り出す」が同時ですね。難関高校では「比例（～するにつれて）」や「様態（～するのと同じように）」の意味がポイントになることもあります。

❸ 熟語 as a result：その結果　※直訳「結果として」
I ate too much candy. As a result I got a stomachache.
（私はキャンディー（砂糖菓子）を食べ過ぎた。その結果、腹痛になった）

"原因 As a result 結果" の関係になることを意識してください。

❹ 熟語 such as ～：～のような
Rena likes fruits such as apples, oranges and grapes.
（レナはリンゴ、オレンジ、ブドウといった果物が好きだ）

such asの後ろには「具体例」がくると意識しましょう。英作文で具体例を挙げるときにも便利な表現ですよ。

❺ 熟語 as usual：いつものように
On that day, he went to school by bike as usual.
（その日、彼はいつもと同じように自転車で学校へ行った）

Review!
□ introduce A to B　□ speak to ～　□ belong to ～
□ get to ～　□ thanks to ～　□ next to ～

CHAPTER 5

文法に強くなる単語① 形から覚える

敬遠されがちな「文型」ですが、文型ごとに単語を整理すると、実は良いことがたくさんあります。文法の理解が深まるだけでなく、意味が似ているので整理しやすく、読解スピードも上がり、さらには文型を見抜けると難しい動詞の意味がわかってしまうこともあるのです。また、接続詞は意味だけでなく「形」を意識することで、英文を読むスピードが上がり、問題を速く正確に解けるようになります。

トラック 5-01

第1文型

第1文型の動詞の後ろには、主に「場所を表す語句」など副詞のカタマリがきます。

核心 第1文型の動詞は「存在」or「移動」の意味！

主語(S) + [　　　] (+場所を表す語句など).

ほとんどが「存在」か「移動」の意味になりますが、中には speak「話す」、die「死ぬ」のように、「移動」の意味から派生したものもあります。

1 存在

- 588 **be (am, is, are)** ①存在：ある、いる　②状態：～だ、～です
- 589 **sit** 座る
- 590 **stand** 立つ
- 591 **live** 住んでいる
- 592 **wait** 待つ　熟語 **wait for ～**：～を待つ
- 593 **sleep** 眠る
- 594 **stay** いる、滞在する　熟語 **stay at** 場所 ／ **stay with** 人　～のところに滞在する

Natsuko lived in Tokyo ten years ago.（ナツコは10年前に東京に住んでいた）

2 移動

- 595 **walk** 歩く
- 596 **run** 走る　**runner** 名 ランナー
- 597 **swim** 泳ぐ　**swimmer** 名 スイマー
- 598 **fly** 飛ぶ
- 599 **arrive** 到着する　熟語 **arrive at[in] ～**：～に到着する
- 600 **skate** スケートをする　熟語 **go skating**：スケートをしに行く
- 601 **ski** スキーをする　熟語 **go skiing**：スキーをしに行く
- 602 **move** 動く、引っ越す　**movement** 名 動き
- 603 **return** 戻る
- 604 **travel** 旅行する　**traveler** 名 旅行者
- 605 **fall** 落ちる

Keita arrived at Haneda Airport at 6:00 a.m.（ケイタは午前6時に羽田空港に到着した）

Review!

- □ be filled with ～
- □ be angry with ～
- □ agree with ～
- □ be covered with ～
- □ make friends with ～
- □ be satisfied with ～

第2文型

第2文型の動詞の後ろには、補語(=名詞or形容詞)がきます。

核心 第2文型の動詞は「イコール動詞」!

主語(S)+ [=] +補語(C).

主語(S)とイコールの関係になるものを補語(C)といいます。My brother became a doctor. は My brother(S)と a doctor(C)が同一人物ですからイコールの関係が成立しますね。

1 変化「～になる」

606 **become**

My brother became a doctor.(僕の兄は医者になった)

607 **get**

The weather is getting warmer and warmer these days.
(最近、気候はだんだん暖かくなってきている)

608 **turn**

Leaves turn red in fall.(秋には葉は赤くなる)

2 感覚

609 **look** ～のように見える

He looks tired today.(彼は今日疲れているようだ)

610 **sound** ～のように聞こえる

That sounds interesting.(それは面白そうだね)

611 **feel** ～のように感じる

I felt cold, so I put on a sweater.(寒かったのでセーターを着た)

612 **taste** ～の味がする

It tastes good.(おいしいよ)

613 **smell** ～のにおいがする

This flower smells good.(この花、いいにおいだね)

※第3文型(SVO)で用いる動詞はたくさんあり、意味も様々です。ここでは割愛します。

周回Check! 1 / 2 / 3 /

第4文型

動詞の後ろに"人 物"と続いたら第4文型です。

核心 第4文型の動詞は原則「与える」の意味！

主語(S) + [ ] + 人 (O_1) + 物 (O_2).
= 主語(S) + [ ] + 物 + 前置詞 + 人.

動詞の後ろに"人 物"と名詞が2つ連続するのが第4文型です。teachは「知識を与える➡教える」、tellは「情報を与える➡伝える」のように、根底には「与える」という意味があるんです。

1 to を使うもの give 人 物 ⇔ give 物 to 人

614	give	人に物を与える
615	teach	人に物を教える
616	show	人に物を見せる
617	tell	人に物を伝える
618	send	人に物を送る
619	lend	人に物を貸す
620	bring	人に物を持ってくる
621	pass	人に物を渡す

全部"to 人"がないと意味が通らない動詞です。たとえば、He gave a pen.（彼はペンをあげた）だけだと、「誰に？」とツッコミが入りますよね。

2 for を使うもの buy 人 物 ⇔ buy 物 for 人

622	buy	人に物を買う
623	make	人に物を作る
624	cook	人に物を料理する
625	get	人に物を与える
626	sing	人に物を歌う

全部"for 人"がなくても意味が通ります。たとえばHe bought a pen.（彼はペンを買った）は、「誰に」という"for 人"がなくても成立します。

3 of を使うもの ask 人 物 ⇔ ask 物 of 人

627	ask	人に物を頼む

Review!
- □ be pleased with ～
- □ be made from ～
- □ be absent from ～
- □ hear from ～
- □ die from ～
- □ be different from ～

第5文型

第5文型はSVOCで「O＝C」の関係を作ります。

核心 「O＝C」なら第5文型！

主語（S）＋［　　　］＋目的語（O）＋補語（C）.
（目的語（O）＝補語（C））

動詞の後ろの2つのカタマリがイコールの関係になるのが第5文型です。たとえば、Please call me Ayumi. の場合、me（私）と Ayumiは同一人物ですからイコールの関係が成立しますね。

1 使役・知覚

628 make O C OをCにする、OにCさせる ※「強制・必然」のニュアンス／p.200

The news made us sad.（その知らせを聞いて私たちは悲しくなった）

直訳は「その知らせは私たちを悲しませた」です。

This video made me laugh.（私はこの動画を見て笑った）

直訳は「この動画は私を笑わせた」です。Cの部分に動詞がくる場合は“O＝C”よりも、「主語＋動詞」の関係を考えてください。例文は「私が笑う」という関係ですね。

629 have O C OにCさせる（してもらう・される） ※「利益・被害」のニュアンス／p.199

The teacher had me come to the front of the class.（先生は私を教室の前に来させた）

Cの部分に動詞の原形comeがきて、「私がくる」という主語＋動詞の関係になっています。

630 let O C OにCさせる ※「許可」のニュアンス

I asked my father to lend me his digital camera, but he wouldn't let me use it.
（私はお父さんにデジカメを貸してくれるように頼んだが、私に使わせてくれなかった）

let［人］［原形］「［人］が～するのを許す」という形で使います。

631 find O C OがCだとわかる・思う

I found the test very easy.
（私はそのテストがとても簡単だと思った）

see「見える」／hear「聞こえる」／feel「感じる」／find「わかる」といった知覚を表す動詞もSVOCの形をとります。ちなみに、findは第3文型で「見つける」の意味でもよく使います。

例：I found it.「僕はそれを見つけたよ」（find - found - foundという変化）

周回Check! 1 ／ 2 ／ 3 ／

2 命名

632 **call O C**　O を C と呼ぶ

Please call me Ayumi.（私をアユミと呼んでください）

633 **name O C**　O を C と名付ける

She named her dog Kuro.（彼女は犬をクロと名付けた）

3 放置

634 **leave O C**　O を C のままにする　※ **p.201**

Please leave me alone.（1 人にしてください／ほっといてよ）

635 **keep O C**　O を C のままにする　※ **p.202**

He keeps his room clean.（彼は部屋をきれいにしている）

Review!

- □ **differ from ～**
- □ **distinguish A from B**
- □ **be free of ～**
- □ **out of ～**
- □ **out of order**
- □ **be made of ～**

1 等位接続詞 前後を対等の関係で結ぶ

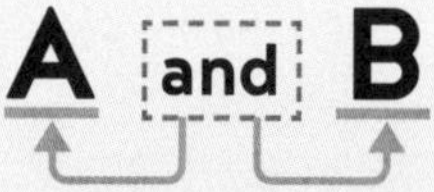

AとBを対等に結びます

	接続詞	訳
636	and	～と…
637	but	～しかし…
638	or	～または…
639	so	～だから…

例文 **Ryota and Hayato are good friends.** 単語と単語
（リョウタとハヤトはよい友達です）

例文 **I can watch TV both in my room and in the living room.** 語句と語句
（私は自分の部屋とリビングの両方でテレビを見ることができます）

例文 **He is rich, but he isn't happy.** 文と文
（彼は裕福だが幸せではありません）

命令文の後ろで使われると、andは「そうすれば」、orは「さもないと」という意味になります。

例文 **Run to the station, and you will be in time for the train.**
（駅へ走っていきなさい、そうすれば電車に間に合いますよ）

例文 **Hurry up, or you will miss the last bus.**
（急ぎなさい、さもないと終バスに乗り遅れるよ）

ワンポイント

I got up late, so I was late for school.
（私は遅く起きたので、学校に遅刻した）

＿＿＿＿＿, so ＿＿＿＿＿＿＿.
原因・理由　　　結果

soの前には「原因・理由」、soの後ろには「結果」がきます。高校入試の下線部問題で「なぜ？」と問われたとき、soがヒントになることがよくあります。

2 接続詞 that

640 that ～すること

接続詞 that は "that sv" という形で名詞のカタマリをつくる働きがあります。たとえば、以下では Mike という単純な名詞が、that Mike likes soccer「マイクがサッカーが好きなこと」という名詞のカタマリになっていると確認できます。

I know Mike. （私はマイクを知っています） ※ Mike = 名詞

↓

I know that Mike likes soccer. ※ that sv が名詞のカタマリ
（私はマイクがサッカーが好きなことを知っています）

ワンポイント 後ろに that 節をとる動詞

後ろに that svをとる動詞はある程度決まっています。「思う」や「言う」という意味に関連するものがほとんどです。

① know that sv 「svすることを知っている」
② think that sv 「svすると思う」
③ believe that sv 「svすると信じる」
④ hope that sv 「svすることを望む」
⑤ hear that sv 「svするそうだ」
⑥ say that sv 「svすると言う」

Review!
□ **consist of ～** □ **know of ～** □ **hear of ～**
□ **think of ～** □ **speak of ～** □ **be afraid of ～**

3 副詞節を作る接続詞

意味だけでなく、「形」をしっかり意識してください。“接続詞 sv”をひとつのカタマリでとらえるのがポイントで、長文読解で大きな威力を発揮します。

(接続詞 sv), SV. もしくは **SV (接続詞 sv).**

(After I finished my homework), I went to bed.
≒ I went to bed (after I finished my homework).
(僕は宿題を終えた後に寝た)

1 時

641	**when sv**	sv するとき
642	**before sv**	sv する前に
643	**after sv**	sv した後に
644	**while sv**	sv する間、sv する一方で

I texted my sister while I was waiting.
(私は待っている間に姉にメッセージを送りました)

645	**till[until] sv**	sv するまで(ずっと)

The children played in the park until it got dark.
(子どもたちは暗くなるまで公園で遊んだ)

646	**since sv**	sv してから今まで、sv なので ※p.231
647	**as soon as sv**	sv するとすぐに

I'll let you know as soon as he comes.
(彼が来たらすぐに知らせるね)
※ let 人 know は、直訳「人が知るのを許す」→「人に知らせる」というよく使う表現

周回Check! 1 ／ 2 ／ 3 ／

2 条件

☐ 648 **if sv** もし sv するならば

If you eat too much sugar, you'll gain weight.
（砂糖を摂りすぎると、太っちゃうよ）

※直訳「もしあなたがあまりにも多くの砂糖をとるならば、太ってしまうでしょう」／gain weight「体重を得る」→「太る」

☐ 649 **unless sv** sv しない限り

Please do not go out unless it's necessary.
（不要な外出はお控えください）

※直訳「必要でない限り、外出しないでください」

3 理由

☐ 650 **because sv** sv するので

I'm tired because I played basketball in P.E.
（体育でバスケをしたので、疲れてるよ）

4 譲歩

☐ 651 **though[although] sv** sv するけれども

Although pandas can eat meat, they mainly eat bamboo.
（パンダは肉を食べることができるが、主に笹を食べる）

Review!

- ☐ be proud of ～
- ☐ be aware of ～
- ☐ be sure of ～
- ☐ be fond of ～
- ☐ about
- ☐ get over ～

CHAPTER 6

文法に強くなる単語②その他

中学で習う助動詞、疑問詞、代名詞・冠詞を「核心」から理解できるようになれば、高校レベルの英語にスムーズに移行できます。しかもそれは将来、英会話に役立つことばかりです。

1 基本助動詞

652

will 核心 100%必ず～する → ❶ ～するつもりだ ❷ ～するはずだ・でしょう

辞書で名詞のwillを引くと「意志・決意・遺言」など力強い意味ばかり並んでいます。名詞が持つこの「力強さ」は助動詞willにも引き継がれて、「100%必ず～する」というパワフルな意味になるのです。

❶ **I will call her tonight.**（今夜は彼女に電話するぞ）

「～するつもり」と訳されることもありますが、その中には「必ず」という強いキモチが込められていることを意識してください。ちなみに否定形の短縮形はwill not = won'tです。

❷ **I will be thirteen years old next month.**（来月、13歳になります）

来月になれば「必ず13歳になる」わけです。場合によっては多少トーン（確信度）を落として、「～するはず」→「～するでしょう」と訳すときもありますが、実際には（この訳語から受ける印象ほど）弱いものではありません。

❸ **Will you open the door for me?**（ドアを開けてくれる?）

Will you ～?「～するつもり？」→「(そのつもりなら) ～してくれる？」となりました。「～してくれますか？」と訳されることが多いのですが、実際にはタメロ・軽い命令調になることもよくあります。

653

can 核心 いつでも起こる → ❶ ～できる ❷ ありえる

「やれと言われればいつでもその動作が起きる」→「できる」、「いつでも起こる可能性がある」→「ありえる」となりました。

❶ **I can swim.**（私は泳ぐことができる）

❷ **Accidents can happen.**（事故は起こりうる）

❸ **Can I go to your house after school?**（放課後あなたの家に行ってもいい?）

Can I ～?は「私は～できる？」→「(できるなら) ～してもいい？」という許可を求める表現です。

❹ **Can you tell me what happened?**（何が起きたのか私に教えてくれる?）

Can you ～?は「あなたは～できる？」→「(できるなら) ～してくれる？」という依頼表現です。

Review!
- □ be over
- □ under
- □ against
- □ behind
- □ through
- □ across

654

may 核心 50% → ❶ ～してもよい ❷ ～かもしれない

オススメ度50%なら「～してもよい（しなくてもよい）」、予想50%なら「～かもしれない（そうじゃないかもしれない）」となります。もちろん言葉なので、50%ジャストである必要はありませんが、「50%半々」という感覚を持っておくと、英文のニュアンスがリアルに伝わってきますよ。

❶ **You may use this desk.**（この机を使ってもいいですよ）

❷ **It may rain tomorrow.**（明日は雨かもしれない）

655

must 核心 それしかないでしょ! → ❶ ～しなければならない ❷ ～にちがいない

「グイグイと背中を押されるようなプレッシャーから、もうこれ以上、他には考えらんない」→「もうそれしかないでしょ！」という感覚で使われます。

❶ **I must study math today.**（今日は数学を勉強しなければならない）

「他の行動は考えられず、数学を勉強するしかないでしょ！」という感覚です。

❷ **She must be sick.**（彼女は病気にちがいない）

「どう考えても病気と考えるしかないでしょ！」という感覚です。

656

shall 核心 運命・神の意志

shallは「運命・神の意志」でwillよりさらに強い意味になります。ただし、shallは本来の意味が失われて、もはや決まり文句（②・③）で使われることがほとんどです。

❶ **I shall return.**（必ず戻ってくる） ※アメリカのマッカーサーの言葉

「ここに戻ってくるのは運命であり、神の意志だ」という強さがあります。

❷ **Shall I open the window?**（窓を開けましょうか?）

Shall I ～?「（私が）～しましょうか？」という申し出の表現です。

❸ **Shall we play tennis?**（テニスをしませんか?）

Shall we ～?「（私たちみんなで）～しましょうか？」という勧誘表現です。

周回Check! 1 ／ 2 ／ 3 ／

2 助動詞の過去形

657

would 》核心《 仮定法／遠回しの丁寧表現

助動詞の過去形は、実は「仮定法」を表すときに多用されます。まずは仮定法の用法をおさえたうえで、「遠回しの丁寧表現」を確認していきましょう。

❶ **If I lived in Tokyo, I would go to Akihabara every week.**
（もし東京に住んでいたら、僕は毎週秋葉原に行くのに）

"If s 過去形, S would 原形"「もし（今）～ならば…だろうに」という形です。見た目では「過去形」を使うため「仮定法過去」と呼ばれますが、実際には「現在の妄想」を表します。

❷ **Would you give me your e-mail address?**
（メールアドレスを教えていただけますか?）

Would you ～?「～していただけますか？」という依頼表現です。

❸ **Would you like to have some cake?**（ケーキはいかがですか?）

would like to ～ は「～したい」という意味です。Would you like to ～？で、直訳「あなたは～したいですか？」→「(したいなら) ～しませんか？・～はいかがですか？」となります。

658

could 》核心《 もしかしたら can

canに仮定法（のニュアンス）が込められたものなので、「もしかしたら can」と考えれば OKです。

❶ **Could you help me?**（手伝っていただけませんか?）

「助動詞の過去形を使うと丁寧な表現になる」と言われますが、それは「仮定法」のニュアンスが入るからです。Can you ～？は「～してくれる？」ですが、Could you ～？は「もしよろしければ～してくださいませんか？」といった感じになるわけです。

❷ **He could run fast when he was young.**
（若いとき、彼は速く走ることができた）

canの核心「いつでも起こる」→ could「(もしやろうと思えば) いつでもできた」ということです。

Review!
- □ during
- □ between
- □ among
- □ without
- □ into
- □ along

659

should 》核心《 本来ならば～するのが当然 → ❶ ～すべきだ ❷ ～のはずだ

shallの核心「運命・神の意志」が、過去形shouldになることで仮定法のニュアンス「もし～ならば」を含みます。その結果、shouldは「(もし運命・神の意志に従うならば) 本来は～するのが当然」となりました。

❶ You should read this book. (この本を読んだほうがいいよ)

「本来ならこの本を読むのが当然」→「～するべきだ」です。実際には「～したほうがよい」という感じで、軽く提案するときにもよく使われます。

❷ She should be in New York. (彼女はニューヨークにいるはずだ)

「本来ならばニューヨークにいるのが当然」→「～のはずだ」です。

ワンポイント 「～できた」の表し方

couldはあくまで「やろうと思えばいつでもできた」という意味なので、「(ある場面で一度だけ) できた！」を表すときには使えません。その場合には be able to ～「～することができる」の過去形を使います。

例：I was able to get the tickets! (そのチケットをゲットできた！)

ワンポイント must not は「禁止」

655番 mustの否定では must not ～「～してはいけない」という禁止の意味になります。don't have to ～「～する必要はない」としっかり区別してください。

例：you must not waste time. (時間を無駄にしてはいけないよ)

例：You don't have to work so much. (そんなに仕事しなくていいんだよ)

ちなみに「mustの過去形」は存在しないので、「(過去に) ～しなければならなかった」には had toを使います。また、「これから」の義務には will have to ～「これから～しなければならない (だろう)」を使います。

例：I had to get up early yesterday. (昨日は早起きしなければなりませんでした)

周回Check! 1 ／ 2 ／ 3 ／

1 疑問代名詞と疑問形容詞

	疑問代名詞		疑問形容詞	
660	who	誰		
661	whose	誰の物		
662	what	何	what + 名詞	何の［どんな］～
663	which	どちら	which + 名詞	どの［どちらの］～

"what + 名詞" などは「後ろの名詞とセット」でひとつの疑問詞としてとらえてください。たとえば What do you like?「あなたは何が好き？」だけだとあまりに漠然としているので、What song「どんな歌」と具体化するイメージです。また、whoseは whose単独でも、whose + 名詞「誰の～」の形でも使えます。

例文 **What song do you like?**（あなたはどんな歌が好きですか?）

例文 **Which notebook is yours?**（どちらのノートがあなたのですか?）

例文 **Whose camera is this?**（これは誰のカメラですか?）

2 疑問副詞

664	when	いつ（時）	例文 **When did you get home yesterday?**（あなたは昨日いつ帰宅しましたか?）
665	where	どこで［へ］（場所）	例文 **Where were you doing your homework?**（あなたはどこで宿題をしていましたか?）
666	how	どのように（方法）	例文 **How do you go to school every day?**（あなたは毎日どうやって学校へ行きますか?）

Review!
□ near　□ since　□ as　□ as a result　□ such as ～　□ as usual

667 **why** なぜ（理由）

例文 **Why is she so angry?**
（彼女はなぜそんなに怒っているのですか?）

3 2語以上で疑問詞のカタマリを作るもの

668 **what time** 何時（時刻）

例文 **What time did you get up this morning?**
（あなたは今朝何時に起きましたか?）

669 **how many** いくつの 名詞 （数）

例文 **How many rooms does your house have?**
（あなたの家には部屋がいくつありますか?）

how manyの後ろの名詞は必ず複数形です。

670 **how much** いくら（値段）

例文 **How much is this hat?**
（この帽子はいくらですか?）

もともとはhow much money でしたが、money が省略されて用いられるようになったんです。

671 **how old** 何歳（年齢）

例文 **How old is your grandfather?**
（あなたのおじいさんは何歳ですか?）
How old is this building?
（この建物は築何年ですか?）

how oldは「人以外」にも使えます。

672 **how long** どのくらいの間（期間）

例文 **How long does it take to get to the station?**
（駅へ行くのにどのくらいかかりますか?）

例文はもともと It takes 時間 to 原形「～するのに 時間 がかかる」の形で、時間 がhow longになり、先頭に出て疑問文になったものです。ちなみに、how longは単純に「どのくらいの長さ」という意味で長さを尋ねる場合にも使えます。

周回Check! 1 ／ 2 ／ 3 ／

673 **how far**
どのくらい（距離）
例文 **How far is it from here to the station?**
（ここから駅までどのくらいの距離ですか?）

674 **how tall**
どのくらいの高さ（身長などの高さ）
例文 **How tall is he?**
（彼はどのくらいの背の高さ（身長）ですか?）

675 **how high**
どのくらいの高さ（高さ）
例文 **How high is Mt. Fuji?**
（富士山はどのくらいの高さですか?）

Review!
□ make O C　□ let O C　□ call O C
□ have O C　□ find O C　□ name O C

1 代名詞

1 人称代名詞のまとめ

[単数]

	主格 ～が	所有格 ～の	目的格 ～を[に]	所有代名詞 ～のもの	再帰代名詞 ～自身を[に]
1人称	I	my	me	mine	myself
2人称	you	your	you	yours	yourself
3人称	he	his	him	his	himself
	she	her	her	hers	herself
	it	its	it	-	itself

[複数]

	主格 ～が	所有格 ～の	目的格 ～を[に]	所有代名詞 ～のもの	再帰代名詞 ～自身を[に]
1人称	we	our	us	ours	ourselves
2人称	you	your	you	yours	yourselves
3人称	they	their	them	theirs	themselves

❶ 主格：「主語」になるときの形
He went to the bookstore yesterday.（彼は昨日、本屋へ行った）

❷ 所有格：「所有格＋名詞」で用いて持ち主を表す
Your bag is very nice.（あなたのカバンはとてもすてきですね）

❸ 目的格：動詞や前置詞の後ろに置いて「動作の対象」を表す
Will you help me with my homework?（私の宿題を手伝ってくれない？）

❹ 所有代名詞：「所有格＋名詞」の意味で、「～のもの」と訳す
These shoes are hers.（この靴は彼女のものです）

❺ 再帰代名詞：動作の対象（目的語）が主語と同じ場合に使う

熟語 **say to oneself**：独り言を言う、心の中で思う
I said to myself, "I want to be a doctor."
（私は「医者になりたい」と独り言を言った）

熟語 **help oneself to ～**：～を自由に飲食する・使う
Please help yourself to the fruit.
（果物を自由にとって食べてください）

周回Check! 1 ／ 2 ／ 3 ／

2 some と any

676 **some** 「いくらか（の）」

Some of my friends go to the library on Sunday.
（私の友達の何人かは日曜日に図書館に行きます）

677 **any** 「（否定文で）まったく～ない」「（疑問文で）いくらかの」

anyの 核心 「どんな～でも」

「何でも来い」「何でも OK」というのが anyの本当の意味です。否定文 I don't have any friends. であれば「私にはどんな友達でもいいんだけどそれがいない」というのが本来の意味です。疑問文 Do you have any money? ならば「どんなお金でも（1円玉でもお札でも）いいけど、お金持っていますか？」という意味なんです。

3 all, every, each, any

			形容詞	代名詞 ＊ of 以下は名詞
678	**all**	「全部」「すべて」	all 複数形	all of 複数形
679	**every**	「どの～も」	every 単数形	(×) every of 複数形 ※この形は存在しません
680	**each**	「それぞれ」	each 単数形	each of 複数形
681	**any**	「どれでも」 ※肯定文の場合	any 単数形	any of 複数形

［例文］

形容詞	代名詞
All boys played the game.	All of the boys played the game.
Every student did his best.	(×) Every of the students did his best.
Each student has a dream.	Each of the students has a dream.
Any student can read the book.	Any of the students can read the book.

「～のうちの」という意味の ofの後ろの名詞には、theや myなどがつきます。

Review!
□ leave O C　□ and　□ or
□ keep O C　□ but　□ so

4 いろいろな代名詞

	-thing	-one	-body
some-	**something** 何か	**someone** 誰か	**somebody** 誰か
any-	**anything** 何か・何も	**anyone** 誰か・誰も	**anybody** 誰か・誰も
no-	**nothing** 何も～ない	**no one** 誰も～ない	**nobody** 誰も～ない
every-	**everything** すべて	**everyone** みんな	**everybody** みんな

Does anyone know where my notebook is?
（誰か僕のノートがどこにあるか知っていますか？）

I have nothing to do today.
（私は今日することが何もない）

Thank you for everything.
（いろいろとありがとうございます）

5 this ／ that

	単数	複数
代名詞	**this**（これ、こちら）	**these**（これら）
	that（あれ、あちら）	**those**（あれら）
形容詞	**this** + 名詞（この～）	**these** + 名詞（これらの～）
	that + 名詞（あの～）	**those** + 名詞（あれらの～）

This is my favorite book.（これは私の大好きな本です）

That car is driving too fast.（あの車はスピードを出しすぎています）

Everyone knows all of these songs.（誰もがこれらの曲をすべて知っています）

Those are high school students.（あの人々は高校生です）

周回Check! 1 ／ 2 ／ 3 ／

2 冠詞

a/an　1つの（1人の）

1つ、2つと数えられる名詞にはaやanがつきます。

a book（本1冊）

母音（アイウエオに近い音）で始まる単語にはanがつきます。

an apple（リンゴ1個）

the　その

「1回目に出てきた名詞にはa、2回目からはtheをつける」「方角にはtheをつける」「moonなどの天体にはtheをつける」…と習うことが多いのですが、1つひとつ暗記するのではなく、皆さんは「核心」をおさえてください。

核心「共通認識」

みんなで「せ〜のっ」って指をさせればtheを使います。

Mike has a cat. The cat is very cute.
（マイクはネコを（1匹）飼っています。そのネコはとてもかわいいんです）

最初の文でこの話を聞いている人は「ああ、マイクはネコを飼っているのね」とイメージします。次の文でThe catになっているのは、「マイクが飼っているまさにそのネコ」という「共通認識」があるのでtheが使われているんです。

いきなりtheが出てくることもありますが、これも「共通認識」から考えればOKです。たとえば、以下では「部屋にドアが1つしかない」、もしくは「(ドアがいくつあっても）どのドアを指すか言った人と言われた人が共通認識できる」ので、いきなり（a doorと使われなくても）theを使うのです。

Please close the door.（ドアを閉めてください）

その他、天体、たとえば「月」もtheがつきます。「月はどれ？」といったときに、夜空を見て、みんなで「せ〜のっ」って指をさせますよね。

I want to go to the moon someday.（いつか月に行きたいです）

Review!
☐ when sv　☐ after sv　☐ till[until] sv
☐ before sv　☐ while sv　☐ since sv

CHAPTER 7

まとめて覚える単語

「月名」「曜日」「数字関連の単語」「身のまわりの単語」などはまとめて覚えたほうが効率的にマスターできます。

これらの単語は､以下の理由で重要です。
① 定期テストでまとめて問われる！
② 入試の英作文などで書けないといけない！
③ 英会話で役立つ！

数は多いですが、身のまわりの単語や、すでに知っている単語もあるはずなので決して難しくはありませんよ。

1 季節／月

「季節」や「月名」は定期テストの他、入試では英作文問題で出題されます。単語が書けるように準備をしておきましょう。

1 季節

☐ 682	**season** 季節

☐ 683	**spring** 春	☐ 684	**summer** 夏	☐ 685	**fall/autumn** 秋	☐ 686	**winter** 冬

springは本来「バネが飛び出す」イメージで、「芽が飛び出す季節」→「春」でしたね(26番)。また、fallには「落ちる」という意味があるので「秋に葉っぱが落ちる」と覚えましょう。

2 月

☐ 687	**month** 月

☐ 688	**January** 1月	☐ 689	**February** 2月	☐ 690	**March** 3月	☐ 691	**April** 4月
☐ 692	**May** 5月	☐ 693	**June** 6月	☐ 694	**July** 7月	☐ 695	**August** 8月
☐ 696	**September** 9月	☐ 697	**October** 10月	☐ 698	**November** 11月	☐ 699	**December** 12月

月名は必ず大文字で始めます。また、季節や月を表すとき前置詞はinを使います(p.217、p.221)。

Review!

- ☐ as soon as sv
- ☐ if sv
- ☐ unless sv
- ☐ because sv
- ☐ although sv
- ☐ will

2 週／曜日

700 **week** 週

701 **weekend** 週末

702 **weekday** 平日

703 **Sunday** 日曜日

704 **Monday** 月曜日

705 **Tuesday** 火曜日

706 **Wednesday** 水曜日

707 **Thursday** 木曜日

708 **Friday** 金曜日

709 **Saturday** 土曜日

曜日も必ず大文字で始めます。「～曜日に」というときはon Sundayのように“on + 曜日”で使います（p.221）。

3 数字

1 基数

710 **zero** 0

711 **one** 1

712 **two** 2

713 **three** 3

714 **four** 4

715 **five** 5

716 **six** 6

717 **seven** 7

718 **eight** 8

719 **nine** 9

720 **ten** 10

721 **eleven** 11

722 **twelve** 12

723 **thirteen** 13

724 **fourteen** 14

725 **fifteen** 15

726 **sixteen** 16

727 **seventeen** 17

728 **eighteen** 18

729 **nineteen** 19

730 **twenty** 20

731 **thirty** 30

732 **forty** 40

733 **fifty** 50

周回Check! 1 ／ 2 ／ 3 ／

734 sixty 60	735 seventy 70	736 eighty 80	737 ninety 90
738 hundred 100	739 thousand 1000	740 million 100万	741 billion 10億

英語に「万」という単位はないので、「1万」は ten thousand（10×1000という発想）、「10万」は one hunfred thousand（100×1000という発想）と表します。

2 序数

順序を表す言い方を「序数」といいます。"the＋序数"、"所有格＋序数＋名詞" の形で用います。日付を表すときにも使い、たとえば December 13「12月13日」なら「ディッセンバー　サーティーンス」と読みます。

742	**first**	1番目の、最初の
743	**second**	2番目の
744	**third**	3番目の
745	**fourth**	4番目の
746	**fifth**	5番目の
747	**sixth**	6番目の
748	**seventh**	7番目の
749	**eighth**	8番目の
750	**ninth**	9番目の
751	**tenth**	10番目の
752	**eleventh**	11番目の
753	**twelfth**	12番目の

ワンポイント

four（4）、fourteen（14）、**forty**（40）で fortyだけ "u" がつきません！
nine（9）、nineteen（19）、ninety（90）はすべて "e" がありますが、序数の **ninth**（9番目の）には "e" がつきません。定期テストや入試でよく狙われます。

Review!

☐ can　☐ must　☐ would
☐ may　☐ shall　☐ could

4 身のまわりの単語

1 家の中／生活用品／建物など

実際に物を頭の中にイメージしながら覚えましょう。

754	**window**	窓
755	**door**	ドア
756	**table**	テーブル
757	**wall**	壁
758	**clock**	(置き)時計
759	**glass**	コップ
760	**glasses**	メガネ
761	**cup**	カップ
762	**fork**	フォーク
763	**knife**	ナイフ
764	**refrigerator/fridge**	冷蔵庫
765	**bathroom**	浴室、お手洗い
766	**air conditioner**	エアコン
767	**TV/television**	テレビ
768	**blanket**	毛布
769	**wallet**	財布
770	**battery**	電池、バッテリー
771	**microphone**	マイク
772	**balcony**	バルコニー
773	**product**	商品
774	**entrance**	入口
775	**exit**	出口、～から出る
776	**building**	建物
777	**gate**	門
778	**slope**	坂、スロープ
779	**tower**	タワー、塔
780	**tent**	テント
781	**area**	地域

2 人

782	**father**	父
783	**mother**	母
784	**brother**	兄、弟、兄弟
785	**sister**	姉、妹、姉妹
786	**grandfather**	祖父
787	**grandmother**	祖母
788	**uncle**	おじ
789	**aunt**	おば
790	**cousin**	いとこ
791	**son**	息子
792	**daughter**	娘
793	**child**	子ども
794	**husband**	夫
795	**wife**	妻
796	**parent**	親、(複数形で)両親
797	**adult**	大人

周回Check! 1 ／ 2 ／ 3 ／

798 **nephew** 甥（おい）
799 **niece** 姪（めい）
800 **family** 家族
801 **friend** 友達
802 **friendship** 友情
803 **couple** カップル、一組
804 **king** 王様
805 **queen** 女王
806 **prince** 王子
807 **princess** 王女
808 **hero** ヒーロー、英雄
809 **heroine** ヒロイン、英雄

3 学校

810 **school** 学校
811 **class** 授業
812 **classroom** 教室
813 **desk** 机
814 **chair** イス
815 **teacher** 先生
816 **student** 生徒、学生
817 **ground** 地面
818 **playground** 校庭
819 **schoolyard** 校庭、運動場
820 **pool** プール
821 **blackboard** 黒板
822 **chalk** チョーク
823 **classmate** クラスメイト
824 **subject** 教科、主題
825 **math/mathematics** 数学
826 **history** 歴史
827 **social studies** 社会
828 **science** 化学、理科
829 **P.E.** 体育
830 **programming** プログラミング
831 **homework** 宿題
832 **test** テスト
833 **exam/examination** 試験
834 **pen** ペン
835 **pencil** えんぴつ
836 **notebook** ノート
837 **book** 本
838 **textbook** 教科書
839 **eraser** 消しゴム
840 **ruler** 定規
841 **file** ファイル
842 **print** 印刷(物)、印刷する
843 **club** クラブ、部
844 **chart** 図
845 **graph** グラフ
846 **data** データ
847 **education** 教育

Review!
- ☐ should
- ☐ who
- ☐ what
- ☐ whose
- ☐ which
- ☐ when

5 乗り物

848 **car** 車、自動車

849 **train** 電車

850 **bus** バス

851 **bike/bicycle** 自転車

852 **plane** 飛行機

853 **ship** 船

854 **boat** ボート

855 **taxi** タクシー

856 **truck** トラック

857 **subway** 地下鉄

858 **ambulance** 救急車

6 楽器

859 **piano** ピアノ

860 **pianist** ピアニスト

861 **guitar** ギター

862 **guitarist** ギタリスト

863 **violin** バイオリン

864 **violinist** バイオリニスト

865 **flute** フルート

866 **drum** ドラム、太鼓

-istがつくと「～する人」という意味になります。

7 スポーツ

867 **tennis** テニス

868 **baseball** 野球

869 **soccer** サッカー

870 **basketball** バスケットボール

871 **volleyball** バレーボール

872 **golf** ゴルフ

873 **racket** ラケット

874 **bat** バット

周回Check! 1 ／ 2 ／ 3 ／

8 動物

No.	English	日本語
☐ 875	**dog**	イヌ
☐ 876	**cat**	ネコ
☐ 877	**bird**	トリ
☐ 878	**elephant**	ゾウ
☐ 879	**lion**	ライオン
☐ 880	**tiger**	トラ
☐ 881	**panda**	パンダ
☐ 882	**horse**	ウマ
☐ 883	**monkey**	サル
☐ 884	**gorilla**	ゴリラ
☐ 885	**wolf**	オオカミ
☐ 886	**chicken**	ニワトリ
☐ 887	**snake**	ヘビ
☐ 888	**dolphin**	イルカ
☐ 889	**rabbit**	ウサギ
☐ 890	**sheep**	ヒツジ
☐ 891	**deer**	シカ
☐ 892	**koala**	コアラ
☐ 893	**kangaroo**	カンガルー
☐ 894	**bear**	クマ
☐ 895	**mouse**	ネズミ（ハツカネズミ）
☐ 896	**rat**	ネズミ（特に大型のもの）
☐ 897	**pig**	ブタ
☐ 898	**cow**	雌牛（めうし）、乳牛
☐ 899	**fox**	キツネ
☐ 900	**duck**	カモ、アヒル
☐ 901	**crane**	ツル
☐ 902	**penguin**	ペンギン
☐ 903	**goose**	ガチョウ
☐ 904	**eagle**	ワシ
☐ 905	**zebra**	シマウマ
☐ 906	**turtle**	カメ
☐ 907	**crocodile**	クロコダイル、ワニ
☐ 908	**whale**	クジラ
☐ 909	**octopus**	タコ
☐ 910	**shark**	サメ
☐ 911	**zoo**	動物園

入試の英文や英検では、動物の話がよく出るんです！

Review!

- ☐ where
- ☐ how
- ☐ why
- ☐ what time
- ☐ how many
- ☐ how much

9 虫・魚など

912 **fish** 魚	913 **salmon** サケ	914 **insect** 昆虫
915 **bee** ハチ	916 **spider** クモ	917 **butterfly** チョウ
918 **ant** アリ	919 **frog** カエル	

fishは単数形も複数形も同じ形です。魚は漁で一気に捕獲するものだったので、1匹、2匹と強く意識しなかったことが背景にあるんです。

10 野菜

920 **vegetable** 野菜	921 **tomato** トマト	922 **potato** ジャガイモ
923 **carrot** ニンジン	924 **cabbage** キャベツ	925 **onion** タマネギ
926 **cucumber** キュウリ	927 **pumpkin** カボチャ	928 **corn** トウモロコシ

onionの発音は「アニャン」という感じです！　多くの人が間違えるので注意しましょう。

11 果物

929 **fruit** 果物	930 **apple** リンゴ	931 **orange** オレンジ
932 **grape** ブドウ	933 **lemon** レモン	934 **peach** モモ
935 **pineapple** パイナップル	936 **cherry** サクランボ	

周回Check!　1 ／　2 ／　3 ／

12 その他の食べ物・飲み物

No.	English	日本語
☐ 937	**food**	食べ物
☐ 938	**rice**	米、ご飯
☐ 939	**bread**	パン
☐ 940	**pizza**	ピザ
☐ 941	**hamburger**	ハンバーガー
☐ 942	**sandwich**	サンドイッチ
☐ 943	**steak**	ステーキ
☐ 944	**toast**	トースト
☐ 945	**soup**	スープ
☐ 946	**cheese**	チーズ
☐ 947	**sugar**	砂糖
☐ 948	**salt**	塩
☐ 949	**sauce**	ソース
☐ 950	**butter**	バター
☐ 951	**jam**	ジャム
☐ 952	**candy**	キャンディー(砂糖菓子)
☐ 953	**cookie**	クッキー
☐ 954	**chocolate**	チョコレート
☐ 955	**ham**	ハム
☐ 956	**meat**	肉
☐ 957	**egg**	卵
☐ 958	**beef**	牛肉
☐ 959	**bean**	豆
☐ 960	**sausage**	ソーセージ
☐ 961	**water**	水
☐ 962	**coffee**	コーヒー
☐ 963	**tea**	お茶、紅茶
☐ 964	**milk**	ミルク、牛乳
☐ 965	**juice**	ジュース
☐ 966	**wine**	ワイン

13 国・言語・人など

【国名】			【言語・人】		
☐ 967	**Japan**	日本	☐ 968	**Japanese**	日本語、日本人、日本(人)の

Review!

- ☐ how old
- ☐ how far
- ☐ how high
- ☐ how long
- ☐ how tall
- ☐ some

969	America	アメリカ	970	American	アメリカ人、アメリカ(人)の
971	Australia	オーストラリア	972	Australian	オーストラリア人、オーストラリア(人)の
973	China	中国	974	Chinese	中国語(人)、中国(人)の
975	France	フランス	976	French	フランス語(人)、フランス(人)の
977	Korea	韓国	978	Korean	韓国語(人)、韓国(人)の
979	Canada	カナダ	980	Canadian	カナダ人、カナダ(人)の
981	Italy	イタリア	982	Italian	イタリア語(人)、イタリア(人)の
983	England	イギリス	984	English	英語、イギリス人、イギリスの、英語の
985	Germany	ドイツ	986	German	ドイツ語(人)、ドイツ(人)の
987	Spain	スペイン	988	Spanish	スペイン語(人)、スペイン(人)の
989	Brazil	ブラジル	990	Brazilian	ブラジル(人)の
991	Portugal	ポルトガル	992	Portuguese	ポルトガル語(人)、ポルトガル(人)の
993	India	インド	994	Indian	インド人、インド(人)の
995	Mexico	メキシコ	996	Mexican	メキシコ人、メキシコ(人)の
997	Thailand	タイ	998	Thai	タイ語、タイ人、タイ(人)の
999	Switzerland	スイス	1000	Swiss	スイス人、スイス(人)の
1001	Egypt	エジプト	1002	Egyptian	エジプト人、エジプト(人)の
1003	Greece	ギリシャ	1004	Greek	ギリシャ語、ギリシャ(人)の
1005	Singapore	シンガポール			
1006	New Zealand	ニュージーランド			

正式にはEnglandは、Great Britain島からスコットランド（Scotland）とウェールズ（Wales）を除いた地方です。

周回Check! 1 ／ 2 ／ 3 ／

14 地域・都市など

- □ 1007 **Europe** ヨーロッパ
- □ 1008 **European** ヨーロッパ人、ヨーロッパ(人)の
- □ 1009 **Asia** アジア
- □ 1010 **Asian** アジア人、アジア(人)の
- □ 1011 **Africa** アフリカ
- □ 1012 **African** アフリカ人、アフリカ(人)の
- □ 1013 **Hawaii** ハワイ
- □ 1014 **London** ロンドン
- □ 1015 **New York** ニューヨーク
- □ 1016 **Paris** パリ
- □ 1017 **Rome** ローマ
- □ 1018 **Sydney** シドニー
- □ 1019 **San Francisco** サンフランシスコ
- □ 1020 **Boston** ボストン
- □ 1021 **Seattle** シアトル
- □ 1022 **Washington** ワシントン
- □ 1023 **Beijing** 北京（ペキン）
- □ 1024 **Hong Kong** 香港（ホンコン）

15 衣服関連

- □ 1025 **hat** （縁のある）帽子
- □ 1026 **cap** （縁なしの）帽子
- □ 1027 **glove** 手袋
- □ 1028 **pants** ズボン
- □ 1029 **shirt** シャツ
- □ 1030 **boot** ブーツ、長靴
- □ 1031 **shoes** 靴（ふつう複数形）
- □ 1032 **button** ボタン
- □ 1033 **coat** （衣服の）コート
- □ 1034 **dress** ドレス
- □ 1035 **jeans** ジーンズ
- □ 1036 **pajamas** パジャマ（ふつう複数形）
- □ 1037 **jacket** ジャケット、上着
- □ 1038 **handkerchief** ハンカチ
- □ 1039 **socks** 靴下（ふつう複数形）

Review!

- □ any
- □ all
- □ every
- □ each
- □ no one
- □ everything

1040 **uniform** 制服、ユニフォーム	1041 **sweater** セーター	1042 **skirt** スカート

ズボンやジーンズは、右足と左足の2つと考えて複数形で使うんです。

16 体

1043 **head** 頭	1044 **hair** 髪	1045 **face** 顔
1046 **eye** 目	1047 **nose** 鼻	1048 **ear** 耳
1049 **mouth** 口	1050 **tooth** 歯 ※複数形は teeth	1051 **cheek** 頬
1052 **neck** 首	1053 **throat** 喉	1054 **shoulder** 肩
1055 **chest** 胸	1056 **arm** 腕	1057 **hand** 手
1058 **wrist** 手首	1059 **finger** 指	1060 **nail** 爪
1061 **thumb** 親指	1062 **stomach** 腹、胃	1063 **hip** おしり
1064 **leg** 脚	1065 **foot** 足 ※複数形は feet	

「ショルダーバッグ」は肩からかけるバッグのことですよね。
「足」を使うスポーツのサッカーは、ヨーロッパでは「フットボール（football）」と言います。

周回Check! 1 ／ 2 ／ 3 ／

アルファベット順

INDEX

凡例
about（太字）……見出し語
about（細字）……派生語・熟語

A

C

D

E

I

O

P

Q

Y

Z

関　正生（せき　まさお）
オンライン予備校「スタディサプリ」講師。
1975年東京生まれ。埼玉県立浦和高校、慶應義塾大学文学部（英米文学専攻）卒業。TOEIC® L&Rテスト990点満点取得。今までに出講した予備校では、250人教室満席、朝６時からの整理券配布、立ち見講座、定員200名の講座を１日に６回行い、すべて満席。スタディサプリでは年間140万人以上の受講者を持ち、TOEIC®テスト講座では約700本の講義動画を担当。スタディサプリのCMでは全国放送で「授業」を行う。
著書は『真・英文法大全』『カラー改訂版 世界一わかりやすい英文法の授業』（共にKADOKAWA）、『サバイバル英会話』（NHK出版）、『関正生のTOEIC® L&Rテスト 文法問題 神速100問』（ジャパンタイムズ出版）など130冊以上、累計300万部突破（韓国・台湾などでの海外翻訳12冊）。NHKラジオ講座『小学生の基礎英語』、英語雑誌『CNN ENGLISH EXPRESS』（朝日出版社）などでの連載や新聞・雑誌の取材多数。

桑原　雅弘（くわはら　まさひろ）
1996年山口県生まれ。山口県立下関西高校、東京外国語大学国際社会学部（英語科）卒業。英検１級、TOEIC® L&Rテスト990点満点、TOEIC® S&Wテスト各200点満点、英単語検定１級を取得。大学入学時より関正生が所属する有限会社ストリームライナーにて80冊以上の参考書・語学書の制作に携わり、現在は学習参考書・英語教材の作成を行う。
著作（共著）に『世界一わかりやすい 英検準１級に合格する過去問題集』（KADOKAWA）、『大学入試 英作文が１冊でしっかり書ける本［和文英訳編］』（かんき出版）、『関正生のTOEIC® L&Rテスト 神単語』（ジャパンタイムズ出版）などがある。

改訂版　高校入試　世界一わかりやすい中学英単語

2023年 6 月26日　初版発行
2024年 9 月10日　 4 版発行

著者／関 正生／桑原 雅弘

発行者／山下 直久

発行／株式会社KADOKAWA
〒102-8177　東京都千代田区富士見2-13-3
電話　0570-002-301(ナビダイヤル)

印刷所／株式会社加藤文明社印刷所

製本所／株式会社加藤文明社印刷所

●お問い合わせ
https://www.kadokawa.co.jp/（「お問い合わせ」へお進みください）
※内容によっては、お答えできない場合があります。
※サポートは日本国内のみとさせていただきます。
※Japanese text only

定価はカバーに表示してあります。

ISBN 978-4-04-606207-9　C6082